あしたの防災学

地球科学者と考える
災害と防災

神沼克伊
Katsutada Kaminuma

青土社

あしたの防災学　目次

あしたの防災学　地球科学者と考える災害と防災

はじめに

「天災は忘れたころにやってくる」と言われていますが、一方で実は人間は「天災をすぐ忘れる」生き物です。もちろん被災された方々はその災害を忘れることはできません。二度と同じ様な事が起きないように、経験を語り継ごうと努力をされています。しかし、その周囲の人々、とりわけ直接被災を経験しなかった人たちにとっては、自分の周囲には起こらないだろうという気持ちがあるからか、時間が経つとどうしてもそうした災害があったという記憶が薄れていくものです。残念ながら災害が起きるたびに、同じような被害が繰り返されています。

こう書くと驚くかもしれませんが、首都圏に住む人々にとっては大正関東地震（関東大震災）が直近の大震災でした。東日本大震災は大きな震災でしたが、震源は首都圏ではありません。日本列島ではたとえば第二次世界大戦後の主要な震災をあげると、福井地震、阪神・淡路大震災、そして東日本大震災などを経験しています。阪神・淡路大震災の時には改めて基本的な地震対策として家具の転倒による危険が指摘されるなど、地震対策が叫ばれたことも記憶に新しいです。しかし、いまだに地震による家具の転倒で怪我をする人は出ています。

東日本大震災の折には、一〇〇〇年に一度の超巨大地震、大規模噴火などの発生が指摘され、備えろ、備えなければと、マスメディアや専門家の多くが警鐘を鳴らしました。しかし、具体的に日常生活の中で私たちは何をどう対策すればよいのでしょうか。ある意味では対策が多すぎて、「これ」という決定的な対策を提示できないとも言えます。しかし、私たちは普段どのように考え、対策しておくべきかは知っておきたいことでしょう。

地震の例を挙げましたが、災害は地震に限ったことではありません。たとえば地球温暖化により異常気象がたびたび発生するようになったとも言われます。線状降水帯による集中豪雨や竜巻の発生など気象災害もかつてはあまり起こらなかった災害も起こるようになっています。これまで以上に災害への対策に苦慮する時代になっていると言えるでしょう。

本書ではまずこうした災害について知るところからはじめ、私たちが普段これだけはと思える防災について考えていこうというものです。自然災害は地球という大きな環境のなかで発生するものです。まず遠回りに思えても、地球環境について、あるいは気象や地震などのメカニズムについてみていきたいと思います。そして、さらに大切なことは過去に学ぶということです。これまで実際に起こった災害の記憶・記録から私たちは多くのことを学ぶことができます。過去の事例から「敵（＝災害）を知る」こと、そして対策を考えることが大切だというスタンスで本書は書かれています。

第一章で概要を述べ、第二章でそれぞれの災害の現場が、地球を取り巻く環境のどこで起きているかを詳述しました。それぞれの災害の本質を描き出すことを心掛けたつもりです。第三章から第六章は各論で、過去のそれぞれの自然災害を紹介しています。時系列的に並べましたが、それぞれどんな自然現象が発生し、どんな災害が発生しているのか、災害という「敵を知る」ことを念頭においています。

あらかじめ本書の結論の一つを述べてしまえば、それは最大の防災は「生き延びる」ことだということです。あたりまえだ、という声が聞こえてきますが、これが一番大切だと声を大にして言いたいと思っています。どんな災害でもその究極の対策は自分も家族も生き延びることを目的にすることです。家を守る、財産を守るといったことはその次と考えるべきでしょう。それは一〇〇〇年に一度の自然災害への対策でも同じです。個人でできる、あるいはしなければならない対策も、まず「生き延びる」ことを念頭においてなされるべきです。そしてそのためには、常日頃から「敵を知り」、どういう状況下ではどうするべきかを考えておくことが大切です。

本書ではそのために地球上で、日本列島で、あるいは自分の周辺でどんな自然災害が起こっているかを知り、それから生き延びることを考える手助けになる情報を書きました。防災の一助となり、すこしでも災害で同じような被害にあう人が少なくなれば幸いです。

第1章　災害から身を守る

1・1　自然災害

私たち人間は宇宙空間に浮かぶ小さな水の惑星・地球の表面に住み、生活しています。その地球は固体ですが、表面の七〇パーセントが海洋つまり水が占めています。その地球の表面では地震、津波、火山噴火、台風の襲来、大雨による洪水など数々の自然災害が発生します。人類は地球上で起こるいろいろな自然災害に耐えて現在まで発展してきたのです。

数ある自然災害の中でも地震は地球の固体の部分で突然発生します。地震が起こると地震波が発生し、四方八方へと伝播していき、地表面に住む私たちはその揺れを感じて「地震が起きた」ことを知るのです。M（マグニチュード）8クラスの巨大地震やM9クラスの超巨大地震が起これば地表の全ての物が破壊され、地表面の景色が一変するほどの被害が発生します。

地震が海洋底の近く、浅いところで起こると段差が生じ、その段差は海水にも伝わり津波が発生します。津波は海底のたった一メートルの段差でも、その食い違いの長さが数キロあるいは数十キロと長いので、波高が数メートルの大津波に発達し、遠方へと伝わります。超巨大地震の発生でも、地震を感ずる範囲は半径が一〇〇〇キロ程度ですが、津波は地球の反対側、一万数千キロも遠方にまで伝わります。大地震発生のニュースを「対岸の火事」と考えていると、その津波が自国の海岸にまで押し寄せ、被害が発生することもときどき起こるのです。

地震の発生やそれに伴う津波の発生を研究する学問分野を地震学と呼びます。津波の発生は地震学で研究されていますが、その伝播は海洋学でも研究されています。しかし地震の発生する固体地球内部の温度、圧力、歪みなどの物理学的な性質を示す数値情報がほとんど得られませんので、テレビの天気予報で示されるような天気図に相当する「地震発生の予測図」は得られていません。「未来を予測する」ことでは地震学は全く遅れた学問です。ですから津波の発生も地震が起きてから、その起きた場所や起き方を調べてからでないと判断できないのです。

火山噴火に伴う災害もまた固体地球の内部の表面付近で起こる現象です。大噴火ともなれば地球内部から高温の物質が大量に噴出されます。噴出する物質の形態はさまざまで、高温のガスが噴出する場合もあれば、爆発により破壊された山体を構成する岩石が噴出することもあります。噴出する物質の大きさにより火山灰、火山礫、火山弾などの名称がついています。

地下内部に潜在し、火山噴火の熱源となっていたマグマが噴出や流出することがあります。一〇〇〇℃前後（あるいはそれ以上）の高温のマグマが空中に噴出した場合には、溶融状態で飛散している間に冷却され紡錘型の火山弾になります。日本の家屋が茅葺屋根の時代、このような火山弾や高温の火山礫の噴出で、火災が起こり焼失することもしばしば発生しました。

マグマが流れ出すこともあります。流出したマグマは溶岩（英語ではlava）と呼ばれ、溶岩流となって流れ出します。流れ出し口周辺の地形や噴出した溶岩の粘性にもよりますが、一般に溶岩流の速さは一日に数百メートルから一キロ程度です。溶岩流によって人々が命を失うことはほとんどありませんが、溶岩流が押し寄せればその地域は完全に破壊され、その跡は溶岩原として不毛の地となります。

溶岩の性質は火山体によって異なり、それぞれの噴火によっても異なります。比較的流れやすい溶岩を噴出するのは日本では富士山や伊豆大島です。流れにくい溶岩が噴出すると、そこに饅頭型の溶岩ドームが形成されます。九州・雲仙岳の一九九〇年からの噴火では山頂に溶岩ドームが形成され、そのドームが毎日のように少しずつ崩れ、また成長することを繰り返していました。そのドームの崩落は火砕流となって、山麓を襲い災害が発生しています。

このように溶岩ドームの崩壊で起こる火砕流のほか、噴火口から直接、高温のガスとともに火砕物が噴出する現象も火砕流と呼ばれています。大量の火山灰や火山礫、さらに火山ガスが入り混じった混相流の流れる速さは時速一〇〇キロにもなるとされ、火山噴火では最も恐れられています。大規模な火砕流になりますと、噴火口から数キロ程度離れた集落も短時間で埋没してしまい、人命も地表にある全ての物も埋没させてしまいます。火山噴火の被害は固体地球の外側でも助長されます。次章で詳しく述べますが固体地球は空気の層に包まれています。その層を大気圏と呼びますが、その下方部分、地表面から一〇キロほどの高さまでを対流圏と呼びます。対流圏では地球の自転や太陽からの熱エネルギーなどで、空気が移動しています。空気が移動しているのは一般的には、空気の流れ、つまり風が吹いていることを指します。

火山噴火で上空に噴き上げられた火山灰は、風によって遠方に運ばれます。火山噴火によって起こる災害のほとんどは、その噴火を起こした火山体やその周辺で発生しますが、空中に噴出された物質（主に火山灰）は遠方にまで広がってゆき、災害地域を拡大します。このようなメカニズムにより、火山噴火で発生する災害はその規模が拡大されていきます。

大規模な噴火になりますと、噴出物は対流圏の上の成層圏にまで噴きあげられ、長時間滞留することになります。このような浮遊物はエアロゾルと呼ばれます。一度成層圏に滞留したエアロゾルはなかなか消えず、一年、二年と滞留します。すると固体地球の表面には日射が届かず、地球規模で冷害の発生となります。

火山体の構造や火山噴火活動を研究する学問分野が火山学です。火山噴火は時には地球規模で二年間、三年間と長期にわたり災害をもたらしますが、その発生はほとんど予測できません。理由は地震と同じで噴火が発生する地下の情報が十分に得られていないので、未来予測の方程式も作ることが出来ないのです。

気象災害と呼ばれる現象は、その原因のほとんどは対流圏内で発生しています。世界的には気象災害で命を落とす人の五〇パーセントが干ばつによるものです。熱帯低気圧によるものが三十数パーセント、洪水が十数パーセントという報告があります。日本では考えられませんが、世界では干ばつで被災する人も、亡くなる人も全気象災害の五〇パーセントを超えているのです。それに続くのが熱帯低気圧による災害です。熱帯低気圧は日本では台風、アメリカ（カリブ海、メキシコ湾、北大西洋西部、北太平洋東部）ではハリケーン、インド洋ではサイクロンなどと呼ばれています。

熱帯低気圧の被災者数は気象災害による全被災者のうちの五パーセント程度で、洪水は四〇パーセントとその数倍です。ただし、熱帯低気圧の場合は、その通過経路に沿って全ての物を破壊し、その被害は甚大で、死者数も多くなりますが、洪水による浸水被害は財産などの被害で済む場合が多く、死者数は少ないのです。

ただし、日本では干ばつ被害が少ないように、気象災害の現れ方は地域によって大きく異なります。たとえば、日本では治山治水事業が進み、水害による死者・行方不明者の数は、一九五〇年代までは年平均で一〇〇〇人程度だったのが、一九七〇年代には年間一〇〇人程度、さらに二〇世紀終わりごろには、年数十人程度に減少しています。

治山治水事業は固体地球の表面で行われたわけですが、このように対流圏に源のある現象も、地球表面で対応することによって減災できるのです。この種の現象は数多くあります。

気象災害には高潮も含まれます。強風や低気圧の通過で気圧が低くなり、海面が異常に高くなる現象です。日本では台風に伴う高潮で、死者・行方不明者が多数出た例がありますが、現在は予測も発達し、沿岸域での備えもなされ、人的被害は少ないようです。

六〇年前、アメリカでは竜巻をトルネードと呼び、大きな気象災害を起こすが、日本では竜巻は起こらないと教育されましたが、近年では日本でも竜巻の被害が報告されるようになりました。しかし日本の竜巻のスケールは、アメリカのトルネードと比べて小さく、それだけ被害も少ないです。ただし、スケールは小さくても竜巻の通過した跡には何も残らずすべての物体が空中に巻き上げられたという例は少なくありません。風速が大きいので被害は激甚になることも珍しくないのです。

日本では気象災害である大雨の水害による死者・行方不明者の数は少なくありません。対流圏の現象である大雨が固体地球の表面に降って降水現象になり、そこの地形に左右されて災害が発生するのです。地球の表面の地形形成は大雨によってもたらされていると言っても過言ではありません。そこに生息するようになった生物たちは、その中に出現し、そのシステムに適応するように進化して生き延びています。

人間だけは知恵が発達し、地球システムにあらがうように、居住や生活領域を拡大してきました。その結果、大雨による水害が発生するようになったのです。水害は人間が作り出した災害とも呼びうるものなのです。しかし、すでに述べたように、治山治水が進み水害による死者・行方不明者の数は減少しています。

豪雪もまた人間が自分たちの生活環境を改善しようとした結果に起因する災害です。豪雪のたびに被害があったと報道されるのは、鉄道輸送の麻痺や高速道路の閉鎖です。日本の豪雪地帯では、冬季は雪に閉じ込められていても、それに耐えながら暮らしているのが常でしたが、交通網の発達は、気象条件を考慮することなく運行することを求め、結果的には大騒ぎになるのです。

豪雪の予報が出され、注意が呼び掛けられていても、毎年必ず起こっているのが、道路上で動けなくなった車が原因での交通渋滞です。何キロという長い渋滞が続き、その解消に何十時間も要したと聞くと、運転者は天気予報をどのように受け取っているのか不思議になります。

豪雪では雪崩も大きな災害要素の一つです。しかし、雪崩の襲来を受けそうな場所に生活圏を設ける人はほとんどいません。雪崩被害への対処は登山やスキーなどレジャーで必要とされることが多いのです。最近多い屋根の雪下ろし中の事故、高齢化が原因ではないかと想像しています。あるいは昔からあった事故なのに、最近報道されることが多くなったかもしれませんが、いずれにしても注意していれば防げる事故でしょう。

気象災害の中でも冷害は農業に大きな打撃を与えてきました。特に稲作への被害が一つの指標になりますが、水稲に限らず、夏の平均気温が低くなると、農作物の収穫は減少します。二〇世紀ごろまでは寒冷地の北海道や東北地方の稲作の受ける冷害が大きかったようですが、近年は北海道の稲作に大きな進歩があり、ブランド米も生産されるようになっています。

気象災害で、現在最も危惧されているのは地球の温暖化による、いろいろな異常気象でしょう。

線状降水帯、時季外れの高温、低温、長雨など、例年とは異なる現象が起こると異常気象、地球温暖化と短絡的に結び付ける傾向があるので注意が必要です。事実として日本列島のいろいろな地点での平均気温は増加傾向にはあるようです。しかし、気象現象のような変動現象には、周期が何万年という長周期の現象から、数十年、数年、数カ月というような短周期の現象まで含まれます。地球温暖化と言えば話題性があり、なんとなく納得しそうですが、気象災害を論ずる上では慎重な対応が必要です。

このような地球表面の大気の状態やその中で発生している諸現象を研究する学問を気象学と呼びます。気象学では現在の地上の気温、気圧、風速、風向などの気象要素を入れると一二時間後、二四時間後の天気図が計算で求められ、将来の天候が予測できます。テレビの天気予報で天気図上を台風や低気圧が動くのは、このような方程式が確立されているからです。同じ自然災害と呼んでも、地球表面で起こる気象災害と、地球内部で発生する地震や火山噴火による地震災害や火山噴火災害は、対処の仕方を変えなければならないことをまず理解して欲しいです。

1・2　未来予測

地球上に発生する自然災害の中で、気象災害の多くは天気予報という形で、事前にその発生の可能性が予測されます。局地的な細かいことは別にして、日本列島規模ではかなり正確に、事前に天気予報が流されます。その情報は「傘を持って外出しよう」、「夜は寒くなるから暖かな服装で出掛けよう」、「暑そうだからアイスクリームが売れるだろう」など日常生活から事業や商売まで、いろいろな場面で利用されています。

第二次世界大戦直後は、中国大陸のデータが入らないからと日本の天気予報は信頼性が極めて低かったのですが、その後気象学の進歩、電子計算機など科学技術の進歩などの結果、現在の天気予報は精度よく機能していると思います。

日常の天気予報ばかりでなく気象災害に対しても同様で、台風の進路などはほぼ予報通りに通過しています。最近は洪水や山崩れの原因になる線状降水帯や竜巻など、狭い地域の予測も出るようになりました。

それに対し地震に関しては、一九七八年に大規模地震特別対策特別措置法が成立し、地震観測網に大地震の発生が予測されるような異常が認められたら、総理大臣が警戒宣言を発するシステムが構築されていました。しかし、その役割を一度も発揮することなく二〇一七年にその任務を終えました。

火山噴火についても噴火前に警報に類する情報が発せられることは極めて少ないです。

北海道有珠山の二〇〇〇年の噴火では、北海道大学有珠火山観測所の教官が指導的な役割を果たし、地震が多発し始めたのを噴火の前兆としてとらえ、自治体に住民の避難の必要性を助言し、全住民の避難が終わった後すぐに噴火がはじまりました。このような例は現在のところ有珠山のこの時だけです。ほかにも大学が火山観測所を設置してある火山がありますが、なかなか噴火を事前に予知、予測することは簡単ではありません。

現在気象庁は噴火活動の可能性のある火山には、噴火警戒レベルを設けて、できるだけ噴火前に情報を発信しようとしていますが、予測どおりにはならず関係者は苦慮していると推測します。

大地震の発生、大規模な火山噴火に対しても、気象庁をはじめ、国の機関からは事前の情報は出ませんので、個人的な推測、予測が世の中に話題を提供します。一般には週刊誌がときどきとり上げる程度ですが、少なくとも過去半世紀の間に地震で二回、火山噴火で一回、世間を騒がす発表がありました。

第一回は東海地震発生説で、一九七八年頃から騒ぎが大きくなりました。専門家の間では提唱者の意見も聞き、「そのようなこともありうるが、特に顕著な異常が認められないので注意深く観測を続けよう」との結論でした。しかし本人がマスコミに接触し騒ぎは広がりました。結局東海地震は発生せず、一九九五年に「阪神・淡路大震災」(M7・3)の発生で、人々の関心からは消えたようです。発表以来今日まで、四〇年以上が経過していますが、現在でも主張された東海地震は発生していません。

第二回は一九八四年九月一五日夜一二時ごろ富士山が噴火すると言い続けた人がいました。富士山の周辺には火山観測用の地震計も設置されていない時代のことです。当日は夕方から富士山周辺にはカメラを持った人たちや野次馬が集まりましたが、何も起こりませんでした。このニュースは外国にも伝わったようで、その年の八月、国際会議でドイツにいた折、イギリス人から富士山が噴火すると言うが本当かと聞かれました。

第三回は阪神・淡路大震災後、西日本在住の地震学者から言われ出した「大地震は切迫している」という発信です。話の筋から彼らの言う大地震は、現在の南海トラフ沿いの地震ですが、地震学者ばかりでなく防災の専門家と自称する人まで言っていました。ところが二〇一一年三月一一日に「東日本大震災」が発生するとぴたりと言わなくなり、そのような主張をしていた人たちは「想定外」と発信しはじめました。

このように、大地震発生説や富士山噴火説は巷の科学者ばかりでなく、専門の研究者からも発せられますが、少なくとも過去半世紀の間で、的中した例はありません。このような不正確がまかり通るのも、大地震発生や火山噴火に対しては予知、予測の正確な情報が発せられないからです。一方で台風や大雨情報や地震が発生してから気象庁から発せられる津波情報に関しては、巷の不正確な情報が入り込む余地はないのです。

二〇一一年の東日本大震災後の東北地方のように、余震活動でたびたびM7クラスの地震が発生し震度6（強弱）を経験する場合は例外とし、一般的には大地震に遭遇する割合は一生に一度あるかないかの珍しい出来事だと考えられます。火山の大規模噴火も同様で、大噴火を繰り返す火山でも、山麓に住む人が災害に直面する割合は極めて低いのです。

本当に経験した人は少ないので、知っているようで知らない大地震や大噴火に直面した時の対応を身に着けるためには、なるべく過去の大地震や大噴火で発生したいろいろな現象を知ることが大切です。そこで起きたことを知る、つまり「敵を知る」ことにより、自分自身の自然災害への対応力が増してくるのです。

1・3　敵を知る

自然災害に対する防災は、個人でできることと国家や自治体が考えるべきことに分けられるでしょう。しかも個人でできることには限界があり、国家や自治体がやらねばならないことは多岐にわたります。本書では主に個人でできる防災対策を考えます。

自然災害の防災対策を考える基本は二つあります。

その第一は、それぞれの災害でどんなことが起こるかを知ることです。発生する現象も考えないで、ただ洪水が起こるから何かしなければと考えてもよい結果にはつながりません。洪水が起これば、自宅周辺は浸水するか、浸水しなくても周辺の浸水で孤立することは無いかなど、どんなことが発生するかを予測する、いわば「敵を知る」ことが重要です。「敵を知る」ことによって、単なる心構えではなく自分自身の具体的行動や準備が出来てくるのです。

自分の住んでいる地域で過去に発生した最大の地震はどの程度だったか、周辺の地盤は軟弱でなかったか、これまで液状化現象は起きなかったか、断層の出現はなかったか、崖崩れの有無、海岸付近なら津波の襲来はなかったのかなど、過去に発生した現象を理解しておいて欲しいです。

居住している地域から一〇〇キロ以内に活火山が存在しているなら、その過去の活動にも関心を示して欲しいです。その火山のハザードマップを見てどんな噴火が起きそうか、それぞれの現象を理解して、その対策を考えるのです。

第二は、究極の防災対策は、「生き残る」ことだと言うことです。自然災害では絶対に命を失わないことを最終命題として、それぞれの場合にどうしたら生き残れるか、死ぬことがないように想定した対策を立てるのです。

東日本大震災の折、津波からの避難に際し、あれこれ必要な物を車に積み込んでいるうちに、津波が襲来して行方不明になった人がいたそうです。どのような環境のところにいた人かは分かりませんが、津波対策の第一は、襲来が予想されたらなるべく早く高台に逃げろが鉄則です。津波が襲来すれば車では逃げきれないと考えたほうがよいでしょう。

市街地や住宅地では車は速く走れません。むしろ多くの人が車で逃げることを考えたら渋滞状態になるのは必定です。車で逃げたとしても津波からは逃げきれないと考えたほうがよいのです。寒い時期でしたら、屋外に出るときはとりあえずコートでも羽織って、もし用意してあるのなら防災グッズでも背負い身軽で逃げることです。まずは命を守ることが第一です。

自然災害に関しては、とにかく生き抜くことを最終目標として、過去に発生した災害を検証し日ごろから対策を立てるべきです。あれこれ考えず、とにかく生き抜くこと、そのほかのことはそれから考えればよいという究極の覚悟が必要です。本書ではそうした観点から、まず過去の災害やその種類などをみて、いかに命を守る行動につなげることができるかを考えていきたいと思います。

第2章　地球とその周辺

2・1　スフィア（圏）という概念

自然災害は複合的な要素を含んでいます。その発生場所が異なれば対策も根本的に異なります。そこで少し大きな話のように思われるかもしれませんが、まず私たちが住む地球周辺の環境を整理しておきます。地球環境について知ることが、遠まわりのようで実は災害について考えるうえで、重要なポイントの一つだと思います。

地球が存在する銀河系は、茫漠とした無限の広がりを持つ宇宙の中にあり、多数の星の集まりである銀河の一つです。宇宙の中には同じような大小の銀河が一〇〇〇億以上あると考えられています。地球のある銀河系の大きさは直径が一〇万光年、中心の厚さ三万光年で、その形状は渦巻き状の円盤で、中心を軸に回転をしています。その中に太陽と同じように自分で光を発する恒星が二〇〇〇億個ほど散在していると推定されています。宇宙の中で銀河と銀河が衝突したらしい痕跡は認められますが、恒星と恒星が衝突した形跡はなく、星の集団に見える銀河でも、恒星と恒星の距離はその直径から考えて、無限と言えるほど遠いのです。

太陽は回転する円盤状の銀河系の中心から三万光年ほど離れています。太陽の直径は一四〇万キロ程度と推定されていますが、二〇〇〇億個の銀河系内の恒星の中では小さなほうだと考えられています。

太陽を中心に八個の惑星が周回し、太陽系を構成しています。二〇世紀までは太陽系の惑星は九個とされていましたが、太陽から最も遠い冥王星が準惑星と格下げされたのです。冥王星は一九三〇年に発見されました。その後、望遠鏡の発達により、一九九二年ごろには冥王星と同じような星が一〇〇〇個ほど確認され、小天体と考えられるようになり、二〇〇五年、冥王星と同じ軌道にエリスが発見されました。エリスは冥王星と同じか、やや大きいということが決定打となり冥王星は準惑星に格下げになったのです。格下げになったとはいえ、惑星、準惑星は人間が勝手に決めることで、冥王星は現在でも変わらず同じ軌道で太陽を周回しています。

太陽系を構成しているのは八個の惑星だけではありません。冥王星のような準惑星や多数の小惑星、月のように惑星を周回する衛星群、その間を飛んでいる彗星、惑星空間に浮遊する塵や流星など、大小さまざまな固体が太陽系を構成しているのです。二〇二〇年一二月「はやぶさ2」により砂が持ち帰られた「りゅうぐう」も小惑星の一つです。

太陽は宇宙空間の平均的な、あるいはやや小さい恒星とは言っても、その質量は太陽系を構成する全物質の九九・九パーセントを占め、その表面からは膨大なエネルギーを放射し続けています。地球が受けているエネルギーは、太陽が放射している全エネルギーの二二億分の一程度と見積もられています。

八個の太陽系の惑星のうち、水星、金星に次いで地球は三番目の軌道を周回しています。太陽からは光の速さでおよそ八分二〇秒、一億五〇〇〇万キロの距離です。地球は一年かけて太陽の周囲を一回りしますが、それと同時に太陽とともに銀河系の中を秒速二〇〇キロ以上の速さで回転しているのです。

地球の直径は一万二七〇〇キロ、太陽系の中では木星、土星、天王星、海王星に次いで五番目の大きさです。木星から外側の軌道を回るこれら四個の惑星は木星型惑星と呼ばれ、水素やヘリウムという軽い物質で構成され、質量は大きいですが密度は小さいです。火星から内側の四個の惑星は地球型惑星と呼ばれ珪酸塩や金属鉄が主成分となって構成されています。

太陽系の誕生は四六億年前ごろと推定されています。その中で比較的重いガスや塵が集まり、一億年程度の短い間に固体球とそれを取り巻く大気が形成され、現在に近い形の地球が出現したのです。冷たい物質が集積してはじまった地球は、やがて内部の温度が上昇し、火山活動も開始され、地殻、マントル、核という現在の内部構造もできあがり大陸と海も形成されました。

創造された地球とその周辺の構造を考える時、スフィア（圏）があります。地球という球体を中心にその周辺を包むように何重にも存在する層状の構造です。スフィアと呼ぶには地球の内外で球殻状をしていることが必要でしょう。それぞれのスフィアが自転軸に沿い地球の中心から、上空一〇〇〇キロぐらいまでの構造と、赤道上で経度〇度と一八〇度結んだ直線に沿った線上での構造に違いがあるのかどうかが問題になります。直行する二本の軸上にそれぞれスフィアが存在していなければなりません。地球の上空と固体地球の表面を構成するそれぞれのスフィアが、互いにどんな関係があるのか、その構造と固体地球の上で発生している災害の関係を解き明かすのが本章の目的です。

2・2　磁気圏

固体地球の影響が及ぶ最も遠い空間は磁気圏と呼ばれます。地球は磁石の性質を持ち、そのモデルとして棒磁石が考えられています。棒磁石は双極子磁場と呼び、地球の中心に北向きにS極、南向きにN極があるとする磁場モデルです。

この地球の中心に仮定した棒磁石を延長していき、地球の表面と交わった点が磁軸極です。地図を開くと北極には北極点、北磁軸極、北磁極が、南極には同じように南極点、南磁軸極、南磁極が示されています。北極点、南極点は地球の回転軸が地球表面と交わる点で、北緯九〇度、南緯九〇度と緯度だけでその位置が表示できる、特異点です。

北磁極、南磁極は方位磁石が指す北極、南極です。方位磁石が指す北（北磁極）と真北（北極点）の差を偏角と呼びます。日本では偏角が北海道では西へ八度、九州では西へ六度程度です。日本で方位磁石が北を示すと、真北はその測定された方向から東へ六～八度程度ずらさなければなりません。

太陽からは常に陽子や電子が放射されています。この流れをプラズマ流や太陽風と呼びます。磁気圏は常に太陽風に吹きさらされています。太陽側は太陽風の圧力を受け衝突面が形成され、磁気圏は押し縮められ、反対側の地球の夜側では吹き流され、長く尾を引いています。地球の赤道から磁気圏を形成する衝撃面まではおよそ六万キロ、尾の先端部までは一〇〇万キロ以上になることが分かってきました。地球磁場でも南極と北極は磁力線で結ばれ、その磁力線の形が磁気圏を表しています。

この磁力線の存在する範囲が磁気圏です。磁力線は両極で北磁軸極、南磁軸極に集中しています。オーロラは太陽から絶えず放射されている太陽風、つまり電気を帯びた陽子や電子などの荷電粒子（プラズマ、オーロラ粒子などとも呼ばれる）が、地球周辺では磁力線に沿って地上に降り注ぎ、地球周辺の大気の原子や分子と衝突して発光する現象です。磁力線に沿って地球表面に近づくので、オーロラは南極や北極でよく見られるのです。

オーロラは最も美しい自然現象のひとつですが、その磁気作用で金属の腐食などの被害の発生が報告されています。人体への害はなさそうですが、アラスカでは北極海に面した北のバロー岬から太平洋側へ石油を送るパイプラインに腐食が発生し、その原因はオーロラとのニュースが流れたことがあります。

2・3　大気圏

磁気圏の内側の地表面までの層が大気圏です。大気の存在する上限は地上から三万キロ程度です。大気圏では地球の自転運動に伴って、そこの気体も回転しています。大気圏はそこに存在する気体分子の密度や温度、電気的性質などによって、外側から外気圏、熱圏、中間圏、成層圏、対流圏に分類するのが一般的です。

外気圏は高さ五〇〇キロあるいは一〇〇〇キロ以上と言われますが、大気圏の最上部です。そこでは気体分子の五〇パーセントが磁気圏（宇宙空間）に飛散していると考えられています。大気圏の外側、地表面上八〇キロから七〇〇キロの高さの領域は電離圏とも呼ばれます。希薄ながら大気があり、その大気の分子や電子に太陽からの紫外線や、紫外線より波長の短いX線などの放射線が衝突しイオンと電子に分離します。この現象を電離と呼び、電離して浮遊している電子とイオンの存在する層を電離圏とか電離層と呼んでいます。オーロラはこの電離圏の下部に出現する現象です。

大気圏内の大気は紫外線により過熱されており、その高温の大気の層は地上九〇キロから五〇〇キロの領域に存在しています。温度分布に着目すると、この領域を熱圏と称します。熱圏では太陽からの強いX線や紫外線の働きを受けて酸素分子や窒素分子の一部が酸素原子や窒素原子に解離してしまいます。酸素や窒素の原子はさらに電離してイオンや電子になっています。電子密度の分布からは熱圏のほとんどは電離層（あるいは電離圏）なのです。

熱圏の下部、高度八〇～八五キロ付近で最小値を示した気温は、五〇キロの高さまでは一〇〇メートルに付き〇・二～〇・三℃の割合で上昇します。この下方から上空へ気温が減少している範囲を中間圏と呼びます。

高さ五〇キロから一〇キロの領域が成層圏です。成層圏では大気は安定していて大きな空気の流れは少ないと考えられてはいますが、東西方向に吹く強い風の存在は知られています。一〇日間で温度が数十度上昇するという現象も知られています。成層圏といえども必ずしも静かな領域ではありません。火山の大爆発で成層圏まで噴き上げられた火山灰は、成層圏内を浮遊して、太陽からのエネルギーをさえぎり、地球上に冷害をもたらします。

近年問題になったオゾンホールに代表される、オゾン全量の減少も成層圏内で起きています。成層圏の中でも、高度一〇～三〇キロの領域にはオゾンが比較的多量に含まれておりオゾン層と呼ばれています。オゾン層内でオゾンの量が少なくなると、地球上には有害な紫外線が降り注ぐようになり、白内障や皮膚がんが増えると心配され大問題になりました。地球全体に影響する災害です。

オゾン量が減少する原因は人間が放出するフロンガスであることが明らかとなり、一九八五年に国際条約が結ばれ、フロンガスの使用は制限され、現在はオゾンホールの出現は少しずつ減少していますが、まだまだ続くと考えられています。

2・4　対流圏

大気圏の最下層部、高さが地表から一〇キロ付近までの領域が、地球の表面を包み込むように覆っている大気の層で対流圏と呼ばれています。対流圏の厚さは赤道付近では一五キロ、両極付近では八キロで、全球的には平均一〇キロ程度です。地球の半径は六三七〇キロですから、その厚さは地球半径の〇・一五パーセントに相当します。直径一メートルの大きな地球儀で考えても、その厚さは一ミリ以下、ティッシュペーパー数枚の厚さです。固体地球は対流圏と呼ばれる目には見えない大気の層に、ふんわりと包まれているのです。そして地球上の自然災害の多くが、その真綿か薄紙のように地球を包んでいる対流圏とその包まれている固体地球の表面で起きているのです。

雲がなければ対流圏内はほとんど透明です。宇宙空間を飛ぶ宇宙船や人工衛星からも、上空を飛ぶジェット機からも水蒸気やエアロゾルが無ければ、地球の表面は鮮明に見られます。しかし、この対流圏の存在こそが地球上での雲、風、雨、雪、気温の変化など様々な気象現象の発生の舞台です。地球表面には生命現象が存在し、保護されているのも対流圏が存在するからで、シェルターと言ってもいい存在です。地球上に存在する大気総量の四分の三は対流圏にあります。

毎日放映されているテレビの天気予報で示される気象衛星によって撮影された映像には、日本列島周辺の雲の動きが鮮明にとらえられています。前線による雲、大陸から延びる何本もの筋状の雪雲、台風の渦巻き状の雨雲も全ては対流圏内の現象なのです。たとえ直径三〇〇キロの台風でも、雲が存在する高さは一〇キロ程度までです。台風もハリケーンも、サイクロンも対流圏内の形はCD-ROMのような薄いものです。

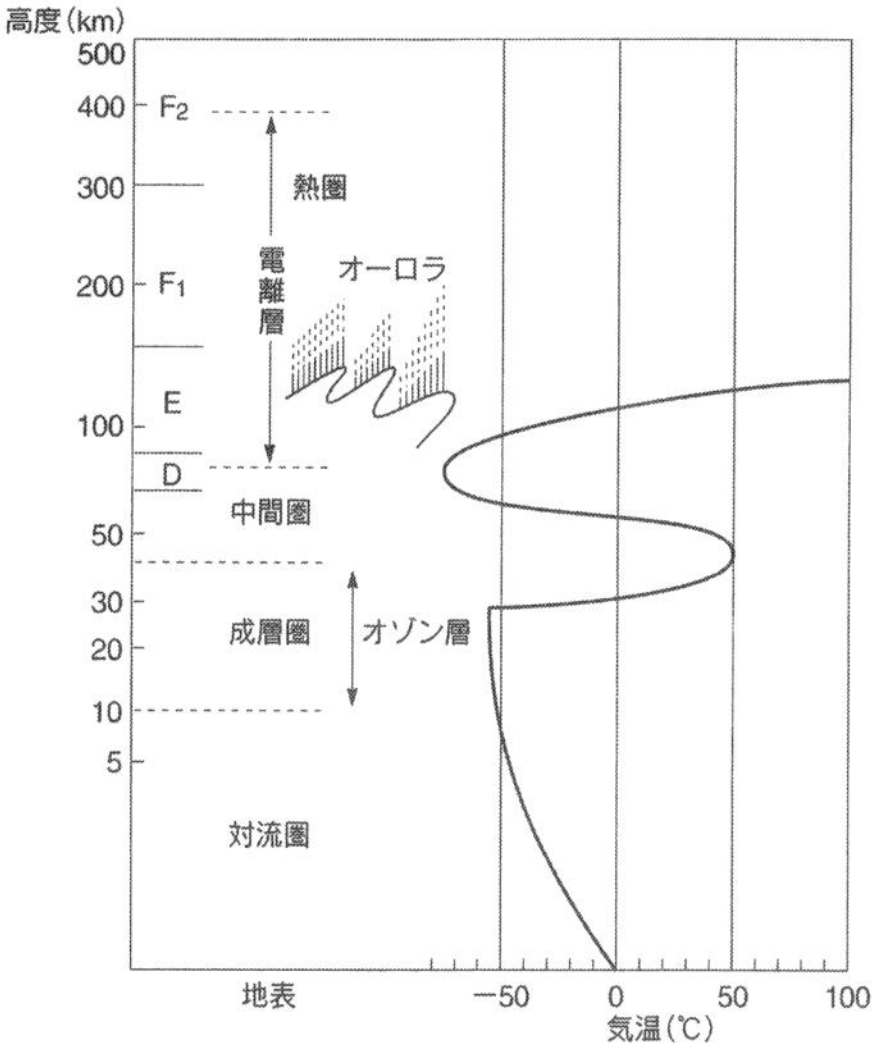

図1　気温の鉛直分布に基づく大気圏の構造（神沼克伊『南極100年』ほるぷ出版、1994より）

対流圏内では高度が一〇〇メートル増すとごとに気温は〇・六℃の割合で減少します。そこでの温度分布は地球表面の温度分布の影響を強く受けており、低緯度地域は高緯度地域より年間を通じて暖かいのです。そこで暖かな低緯度の空気が高緯度地域へと移動します。南北方向の大気の大循環です。

対流圏内の空気は、地球の自転に伴い同じように回転しています。対流圏内の東西方向の空気の移動は地球の自転によって引き起こされています。このように対流圏内では縦横にエネルギーの循環があり、いろいろな気象現象が発生しているのです。

長期、短期の気候変動や温室効果、地球の温暖化も対流圏内の現象です。対流圏内では、一つの閉じたシステムとして大気の循環が起きています。

対流圏内の水蒸気は凝縮して雨や雪となって地球表面に降り注ぎます。降雪は積り、積雪となり、高緯度では地球表面に蓄積されていきます。中緯度の日本でも高い山では万年雪を形成し、高緯度地域では陸上に氷河が形成されています。その究極は南極大陸とグリーンランドに存在する氷床です。氷床は五万平方キロ以上の面積を覆う氷塊と定義され、南極氷床とグリーンランド氷床が存在します。高緯度地域の島々を覆う氷は氷冠とか氷帽などと呼ばれます。氷河、氷床、氷冠などが雪氷圏を形成しています。氷は昇華して再び対流圏へと戻ります。

降った雨や融けた雪の一部は地面に浸透しますが、残りは地表を流れ下ります。流れは田畑を潤し、河川を形成し、時には湖沼が創られ、海へと流れ込み、水圏の世界を展開しています。そして蒸発して水蒸気となって再び対流圏へと戻ります。このような水の循環が対流圏と地球表面では常に行われています。

水蒸気、水、氷という水の状態は、気体、液体、固体という水の三態変化です。このような水の変化は、もちろん対流圏内で起きているのですが、閉じた系の中だけの現象ではありません。雪氷圏、水圏、地球圏（地球表面と内部を含む）の中での水の移動、つまり物質の移動、循環です。

この水の状態は、単にその状態を気体から液体、さらに固体と変化させ移動するだけではありません。

水が蒸発したり、氷が融けたり昇華したりするには熱が必要です。このような状態の変化に伴う熱は、気化熱、融解熱、昇華熱と呼ばれ潜熱と総称されます。水蒸気が水に、水が氷になる時は、吸収していた潜熱を外部に放出します。それぞれの状態の変化や移動に伴い、熱も移動するので、そこに含まれているエネルギーも移動します。熱の収支とも呼ばれますが、対流圏から雪氷圏、水圏、さらに地球圏へとエネルギーが移動しているのです。

エネルギーの推移に伴う変化として天気の変化があり、気候変化が起こり、気象災害が発生しています。天気や気候変化の舞台は対流圏が中心ですが、水圏、雪氷圏、地球圏でもあるのです。そして気象災害の舞台でもあるのです。原因は対流圏内にある気象災害も、結果として水圏、雪氷圏を通して発生する領域は地球圏なのです。

2・5　水圏

地球表面で水が占める領域は水圏と呼ばれ、その主要な部分は海洋ですが、陸上の河川や湖沼も含まれます。水の問題を考える時は南極氷床やグリーンランド氷床も水圏に含めて考えると、そこでの自然現象の解明には正確さが増します。水圏の体積はおよそ一五億立方キロメートルで、地球上の水と氷の体積は、地球の体積の五〇〇〇分の一に相当します。そのうち約一四億立方キロメートルが海水で、残り一億立方キロメートルのうち三〇〇〇万立方キロが氷床、七〇〇〇万立方キロが陸上の湖沼、河川、大気中の水蒸気と見積もられています。

水圏の大部分は地球表面の七一・一パーセントを占める海洋です。地球表面で見ると陸域と海洋域の面積比は一対二・四六となります。陸域の面積が広いにもかかわらず南極地域では陸上に湖沼や河川はほとんどありません。陸上のほとんどが氷床に覆われているためです。北極でも南極でも極域の水圏の特徴は、常に雪氷圏と相接し、互いに物質が出入りする相互作用のあることです。極域では低温のため水という液体が、容易に氷という固体に変化するのです。この変化は陸上でも、海上でも起きています。

タイタニック号が衝突して沈没した氷山は、陸上の氷が海へと流れ出し、少しずつ融解している途上で起きた災害です。

日本の風土は神代の時代から空気と水は「無料（ただ）」でした。この事実からだけでも、日本という国土は人間にとって住みやすい土地であることが分かります。それは単に居住環境に恵まれているという利点だけでなく、日本人の精神形成にも有益に働いていると思います。自然崇拝に発して神を受け入れ、その後に入ってきた仏教をも受け入れるという日本人の精神構造は温和な自然環境から生まれたのです。

地球上ではどの緯度でも大気と海洋の間で、熱のやりとりは常に起きています。南極や北極の水圏の特徴は対流圏との熱エネルギーの変換に加え雪氷圏との間のエネルギー交換も活発に行われています。

海水の温度が〇℃を下まわると凍結がはじまります。海水表面の水が含まれている物質と切り離されるように凍結がはじまりますから、海に浮いている氷でも海氷は純粋の氷で塩辛くはありません。しかし、海水温がマイナス一・九℃を下回ると塩分を含む海水でも凍結しますので、塩分を含んだ海氷になります。

海水が凍りはじめると、氷の結晶は水面に薄い氷の層を作り、やがて蓮の葉の形をした円形の海氷へと成長していきます。静かな海面のあちこちに点々と円形に海氷が生まれます。日本語では蓮葉氷、英語ではパンケーキアイスと呼ばれます。蓮葉氷の密度が増してきますと、互いにくっつき、大きな氷盤へと成長します。

風が吹くと氷盤は壊れ、氷片となって流されます。氷片はそのまま融けて消えることもあれば、逆に一カ所に吹き寄せられ厚い密群氷が形成されたりします。密群氷帯は冬季に発達する海氷の源になります。そんなことの繰り返しから海氷は発達します。いわば水圏と雪氷圏のエネルギーのキャッチボールです。

日本の冬、北海道のオホーツク海沿岸には流氷が押し寄せ、海岸から沖合にかけ白一色の氷原、雪氷圏が出現します。毎年のことで慣れているとはいえ、漁に出られない地元の漁業関係者にとっては、一種の自然災害です。この流氷は北方のアムール川（黒龍江）の河口付近で生成され、オホーツク海を南下してきて、北海道沿岸に到達するのです。アムール川の河口付近では川の水の流入により、海水でも塩分濃度が低く海氷になりやすいのです。近年はこの流氷の押し寄せた風景は観光資源になっているようです。

地球上の海面は常に変化しています。一日の変動をみても潮汐による変動、大小の波、うねりなど周期が一分ぐらいの小さな波から、十数時間の長い波まで幅広く、大きな波の高さや干満の振幅は数メートルにも達します。季節により、海流が変化して海面の高さも変動します。このように海面変動の性質は千差万別です。

その性状が様々なら、その要因も多種多様です。海面変動は大気に起因する割合は大きく、特に気温の変動は海水の体積変動に直結します。大気の運動も気圧の変動として、海面変動に結びつきます。海水量の変化や海流などの運動量の変化もまた海面変動を起こす大きな要因となります。陸上にある氷の融解は予想されている海面変動の最大量を起こします。海面変動という水圏の現象は、その原因が水圏内部よりは対流圏や雪氷圏にもあるのです。

気候の温暖化は海水の膨張、氷床、氷河の融解による海水量の増加という二重効果があり、注目されるとともに心配されています。二一世紀末までに一メートルを超える海面上昇があるとの指摘もあります。このような研究はそれぞれの要因を個別に検討した後、すべてを総合してシミュレーションという手法で海面の総上昇量を推定することが多いです。計算にはいろいろ仮定も入ります。それぞれの要因の推定が異なると結果も異なります。現在、提出されている多くの推定値は、海面上昇が数十センチですが、その値には〇センチから、メートルオーダーの幅があります。

このような海面変動の上に、対流圏での気圧変動に起因する高潮、高波、波浪、洪水、地球圏での大地震や火山噴火によって起こる津波などが加わります。このように水圏で発生する多くの災害の原因は、水圏内より対流圏や地球圏にあるのです。そして対流圏に起因する災害は予測可能ですが、地球圏に起因する災害はほとんど予測不能です。したがって、津波そのものは地震発生後の予測はできても、発生前の予測は現象そのものがないのですから不可能なのです。

2・6 雪氷圏

雪氷圏は対流圏や成層圏では地球を取り巻いて存在しますが、地球圏では極地方や山岳地域という限られた地域の現象です。

雪線という言葉があります。これは年間を通じて積雪のある、つまり万年雪がある最も低い標高で表わします。富士山は日本アルプスの高山より六〇〇〜七〇〇メートル高いので、その西側に位置する南アルプスの赤石岳（三一二一メートル）あたりが高さと緯度で考えた日本で雪線の生じる南限です。北海道の大雪山系ではこの雪線は二〇〇〇メートルと低くなります。つまり日本列島では夏季の雪氷圏は北海道では標高二〇〇〇メートル、本州では標高三〇〇〇メートルの高山に限られるのです。

二一世紀になって、その定義に少し変化が出ました。北アルプスの立山連峰、後立山連峰の雪渓（万年雪）が氷河と認定されたのです。北アルプスの雪渓の表面に残っていた雪も秋になると消え、固い雪や雪からできた氷だけが残ります。その雪の上に目印を置きその移動の有無を測定した結果、雪渓全体が下方に移動していることが分かり、その雪渓は氷河と認定されたのです。氷河とされたのは剱岳北東斜面の小窓雪渓、三の窓雪渓、雄山と大汝山東斜面の御前沢雪渓の三本です。最大の三の窓雪渓は長さ一キロ、厚さ六〇メートル、その半分が氷です。他の二つも積雪が二〇メートル、その下の氷体が三〇メートルあります。それぞれが一カ月間でおよそ三〇センチ下方に動いていたと測定され、氷河と認定されたのです。

その後の調査で、後立山連峰の鹿島槍ヶ岳東斜面のカクネ里雪渓が日本で四番目の氷河と認定され、続いて剱岳北西斜面の池の谷雪渓、真砂岳東斜面の内蔵助雪渓が氷河と認定されました。さらに二〇一九年には鹿島槍ヶ岳の北七キロに位置する唐松岳北東斜面の唐松沢雪渓も氷河と認定され、日本列島でも七本の氷河が存在することになりました。

日本人が氷河と聞けば、すぐ想像するのはスイスアルプス、ヒマラヤ、ロッキー、パタゴニアなどの、ダイナミックに動く氷塊でしょう。日本の氷河は小さすぎて、やはり万年雪、あるいは雪渓がふさわしい呼び名です。しかし氷河は重力の作用で移動する氷塊です。定義には合致しますが、スイスの氷河を見て感じるダイナミックさやロマンは感じません。ただ日本でも雪氷圏が二六〇〇〜二七〇〇メートル付近にまで存在していることは確かなのです。

日本では冬季になると雪氷圏は拡大します。北海道や北東北では雪氷圏は海抜〇メートル、地表面まで下がってきます。さらに流氷の押し寄せるオホーツク海沿岸の海洋域まで拡大します。九州の霧島山系では最高峰の韓国岳でも標高一七〇〇メートルですが一〜二月は雪が消えることなく、霧氷が美しいです。さらに二〇以上もある火口湖は凍結し、標高一二五〇メートルのえびの高原にある白紫池では、一九七〇年代には天然スケート場が設けられていました。

日本では雪氷圏の災害は除雪による事故と雪崩です。雪国での屋根の除雪、雪下ろしは、大きな労働を伴います。近年は住民の高齢化もあり、特に除雪に関係した事故が増えているようです。気象庁から雪崩に関する注意報も出されますが、毎年日本のどこかで犠牲者が出ています。登山者やスキーヤー、スノーボーダーばかりでなく道路を通行中に、雪崩に遭遇して亡くなったなどの事故も、ときどき聞かれます。

雪氷圏の事故として忘れてならないのが、凍結した池や湖での事故です。近年は凍った湖面に穴をあけて釣るワカサギ釣りも、氷の状況を見ての許可制になりましたが、それでもルールを無視した釣り人の事故を聞くことがあります。

雪崩は多くの場合その発生も毎年ほぼ同じような場所で起こることが分かっています。冬季になって現れる雪氷圏の姿をよく理解して行動することが、事故を未然に防ぐことになります。

なお、地球上での雪氷圏の広がりは、極地方では年間を通して変化しませんが、中・低緯度では季節によって大きく変化し、赤道付近まで広がっているのです。赤道直下、キリマンジェロの山頂付近には氷河が存在し、雪線は五〇〇〇メートルです。年間を通じて雪氷圏が存在しています。

2・7　地球圏

固体地球を地球圏と総称します。固体地球も細分化されますが、本書の目的では、地球の表面付近だけが重要なので、地表面付近を地球圏と考えてください。地球表面は最も高い山でも九〇〇〇メートル弱、最も深い海溝でも深さが約一万メートル、その凸凹はほぼ一〇キロ以内です。地球の半径は六三七八キロですから、その度合いは直径一メートルの地球儀の上では、一ミリにも満たない小さな値です。地球表面を覆う厚さ二〇キロの薄い膜が地球圏と考えてください。同じく、その領域には生命現象が存在しますので、生物圏でもあります。

地球圏は水圏、対流圏、雪氷圏と接し、相互に物質やそれに伴ってエネルギーの出入りがあります。降水は対流圏から地球圏への水の移動です。地球圏では水は地面からしみだして河川となり、水圏を形成し海に流れ込みます。水の対流圏から地球圏、そして水圏への循環です。

同じように降雪は対流圏から地球圏に入り、積雪となって雪氷圏を形成し、さらに融雪後は水となって水圏に入り河川に流れ込み海へと注ぎます。対流圏、地球圏、雪氷圏、水圏への水の循環です。

そして雨や雪による災害はその過程で発生します。降水により地球圏で水が地盤に大量に含まれますと強度を失い、土砂崩れ、崖崩れなどが発生します。地球圏内での破壊です。同じく大量の水が河川に流れ込み、堤防の決壊などであふれ出せば洪水の発生です。地球圏内での破壊と、水圏の拡大で被害が発生するのです。降雪により地球圏内に形成された雪氷圏では、積雪が山の斜面のような不安定な地形では雪崩が発生します。大量の積雪は除雪による事故を引き起こしています。すべて雪氷圏内での災害です。

対流圏内の強風や突風などは直接地球圏内に作用して被害が発生します。降雪や飛雪による視界不良も起こります。

台風、暴風などは風と雨が同時に地球圏に作用する現象です。風による破壊、水による浸水、破壊の相乗効果で被害が拡大しています。

干害も対流圏内の現象で発生していますが、冷害は成層圏にエアロゾルが大量に存在する現象が、地表面に日照不足という、太陽からのエネルギーを遮断する結果が地球圏に現れた現象です。

このように地球圏では対流圏、水圏、雪氷圏に起因する災害が起きていますが、地球圏内に原因がある災害も多数発生しています。

災害を起こすような大地震は地球表面からの深さが三〇～五〇キロ程度の地殻内、あるいはプレート境界で発生していますので、地球圏内の現象と考えてください。地震の発生に伴って励起された地震波が地球圏内を伝搬し、地表面を揺らし地震災害を発生させます。すべて地球圏内での現象です。したがって地震対策としては地球圏内での揺れ対策が重要なことが理解されるでしょう。非常に単純なのです。

津波が発生すれば水圏内の現象の津波が地球圏を襲い被害を発生させています。津波に対しては、地震の揺れに加わり、水圏の広がりに伴う被害が発生しますから、水圏の広がりから避けるために高台への避難が奨励されるのです。

火山噴火も地球圏内の現象です。火山灰、溶岩など噴出物が伴うので、その災害は地震よりも複雑になります。それでも溶岩流や火砕流は地球圏内の現象にとどまりますが、噴出した火山灰や火砕物は対流圏や時には成層圏にまで達します。被害形態は拡大し、影響時間も長くなるのです。

海底火山や湖底からの噴火では、マグマが水圏に直接作用し、大爆発が発生します。二〇二二年に発生したトンガの海底火山の爆発はそのような現象で、津波まで発生し八〇〇〇キロも離れている日本の沿岸にも被害をもたらしました。

同じく二〇二一年に発生した小笠原列島の福徳岡の場の海底火山の噴火では、噴出した軽石が太平洋を漂い、日本列島の沿岸に流れ着き、沖縄の漁港では漁船が漁に出られないなどの被害が発生しています。火山噴火が原因で水圏内に災害が発生した例です。

このように自然災害と表現しても、それぞれの災害の原因、結果にはそれぞれが起きている「場」の環境を知ることがその対策立案の第一歩になるのです。

2・8　生物圏

地球上の生物圏は地球全体を視野に入れた時、生物の存在する範囲です。海面の高さの地球表面を中心に上空は六〇〇〇メートル、海面下数千メートルの領域になります。六〇〇〇メートルの高さでの生物は、ヒマラヤ山脈などの高山に生存する動植物や空中を飛ぶ動物も含まれます。生物圏は水圏の深海から地球圏をはさみ、対流圏までの領域が含まれます。

生命現象の食物連鎖を考える時の出発点は光合成をする植物の分布ですが、その視点からの生物圏は水深三〇〇メートルの海洋域から標高六〇〇〇メートルの高山までと考えられています。

生物が群集とそれに関連している環境とを総合的にとらえ、その間の物質循環や移動するエネルギーに注目し、全体を一つのシステムとしてみることを生物の生態系と呼びます。生物圏は生態圏とも考えられ、生活圏とも言えるのです。

人間も生物圏に属しています。生物圏は地球圏ばかりでなく水圏にも広がっています。地球圏に属する生物は、人間と同じように対流圏の影響をまともに受けています。対流圏に異常が発生すれば、その影響は直ちに地球圏の人間やほかの生物群にも及びます。

人間は地球を構成するすべての圏と相互関連して生かされていることを改めて意識して欲しいです。

第3章　地震災害

3・1　地震とは

本章から具体的な災害について述べていきます。まず地震です。はじめに地震現象を理解して欲しいので、地震の概略から説明します。「敵を知る」ためにはその本質を知る必要があります。そのための地震学概論です。地震とは地下の硬い岩盤に蓄積された歪みが限界に達して解放される現象で、その現象が硬い岩盤の破壊であると説明されていました。この説明は大筋では誤りではありませんが、一九六〇年代になって、地下で断層が動いた結果、弾性波が発生して、地表面に達し、地面を揺らす現象と説明されるようになりました。岩盤が壊れるというよりは、岩盤内のある面を境に、滑るという感じです。

地震の発生した場所を震源と呼びます。震源情報には発生場所の緯度、経度、深さ、それに地震の発生しはじめた時刻（発震時）が必要で、これらが震源要素です。

断層とは岩盤内に存在する地層の境目や岩石の割れ目などを境に、両側が互いにずれる現象です。そのずれ動く現象を断層運動と称します。

一九六〇年ごろまで、大地震が発生して地表に現れた地面のずれを地震断層と呼び、地震が発生した結果、地表に断層が出現したと考えられていました。しかし現在では、断層運動によって、つまり硬い岩盤がずれることによって発生した弾性波が地表面に到達し地面を揺らせているのが地震と考えるようになったのです。断層は地震の結果ではなく、地震の親だったのです。

断層運動によって発生した弾性波は、地震波と呼ばれます。ガタガタと揺れを感じ、地震かなと注意していると、ユサユサとした揺れを感じた経験は必ずあるでしょう。最初のガタガタはタテ波でP波、ユサユサとした揺れを起こす波はヨコ波でS波と呼びます。岩盤内を伝わるP波の速さはS波の速さの一・七倍前後速いので、最初にタテ波のP波が到着するのです。そして、少し時間を置いてからS波が到着します。

S波は大きな横揺れを伴うことがあり、建物に被害が発生するのは、ほとんどの場合S波の揺れによるものです。ただし、地震が自分の居る真下で起こると、突き上げるような初動を感じ、大きな地震では被害が発生します。このように大きな直下型地震になると、初動（P波）でも被害が発生することがあります。

震源から放射された地震波は屈折や反射を繰り返し、地球の表面や内部を遠方へと拡散していきます。地表面に達した揺れは、時には大きな地震動を発生させ、地震災害となるのです。

一九六〇年代に登場した地球科学の新しい学説がプレートテクトニクスです。プレートテクトニクスでは、地球表面はプレートと呼ばれる厚さ一〇〇キロ程度の十数枚の岩盤に覆われています。プレートは海嶺で生まれ、海溝付近で地球内部に沈み込んでいると説明されます。プレートが相接し横にずれあう地域ではトランスフォーム（横ずれ）断層が形成されています。そして、プレート境界の湧き出し口、沈み込み口、プレート同士が相接する地域はそれぞれ発散、収束、横ずれの地域で、地震活動が活発な領域なのです。プレート境界には火山も分布しています。

このようにプレートテクトニクスは地球表面の地震帯、火山帯、地形など、いろいろな変動現象が統一的に説明できる学説です。

日本付近では南アメリカ大陸チリ沖の東太平洋海嶺付近で地表に現れた太平洋プレートが東側から、またフィリピン海南部海域で生じたフィリピン海プレートが南から、日本列島にぶつかり、地球内部へと沈み込んでいます。プレートの沈み込み帯ですから、日本列島の太平洋側には千島海溝、日本海溝、伊豆・小笠原海溝がほぼ南北に並んでいます。さらに西日本の太平洋沖には南海トラフ、南西諸島（琉球）海溝が並んでいます。海溝は幅が一〇〇キロ程度、深さが八〇〇〇メートルから一万メートルと深いですが、トラフは深さが六〇〇〇メートルぐらいで、舟状海盆とも呼ばれます。フィリピン海プレートは伊豆半島の東側では北東方向に沈み込み相模トラフを西側では北西方向に沈み込み駿河トラフを形成しています。

日本列島もフォッサマグナと呼ばれる地溝帯の西縁、新潟県の糸魚川から、長野県の松本盆地、諏訪盆地を通り、山梨県の甲府盆地から富士川沿いに、駿河湾に達する糸魚川—静岡構造線を境に、東西に分かれています。西側のフィリピン海プレートの沈み込んでいる西日本はユーラシアプレートに、東側の太平洋プレートが沈み込んでいる東日本は北アメリカプレートに属すると考えられています。その結果、首都圏付近では四枚のプレートが相接する、地球上でも特異な地域となっています。日本の首都は地球の構造上から大地震が必ず発生する地域なのです（『あしたの地震学』青土社、二〇二〇、二一三頁参照）。

地下で発生した断層は断層面を形成します。断層の大きさやその動いた範囲は地震後の調査や解析で明らかになります。相模トラフに沿って発生した一九二三年の大正関東地震（M７・９）の断層は一四〇×七〇キロ、ずれの大きさは二メートル程度、日本海溝沿いに発生した二〇一一年の東北地方太平洋沖地震（M９・０）では長さ五〇〇キロ、幅二〇〇キロ程度、ずれが二〇メートル以上と見積もられています。

地震の発生した時刻は発震時ですが、それはその大きな断層が動きはじめた時間です。断層が形成されつつある割れ目が伝わる速さは毎秒四キロ前後ですので、五〇〇キロの断層形成に要する時間は二分以上かかることになります。断層が形成されている間、震源からは次々に地震波が発生し伝搬するのですから、揺れも大きくなり、時間もそれだけ長くなります。したがって建物の倒壊、斜面の崩落など、揺れによる被害もそれだけ増大します。

地震の大きさを示す値がマグニチュード（M）です。マグニチュードは複数の観測点での震源からの距離と振幅などから計算された値で、地震の大きさを相対的に表す数値でした。その結果、当時はM８・５程度の地震が最大とされていました。その後、マグニチュードの計算に、断層の大きさやずれの大きさをも考慮したモーメントマグニチュード（Mw）が導入されました。マグニチュードはそれぞれの地震の断層の大きさや変位量という物理量を加味して、求められるようになりました。その結果、それまで史上最大の地震とされ、その地震で発生した津波は日本列島にも襲来し一四二名の犠牲者が出た一九六〇年のチリ地震（M８・５）のモーメントマグニチュードはMw９・５となりました。

東北地方太平洋沖地震のマグニチュードもMw９・１（気象庁の決めた値はM９・０）でした。それまで日本付近ではM９クラスの地震は起きない、起きても一〇〇〇年に一度ぐらいと言われていた地震が、二〇一一年三月一一日には起きてしまったのです。注意深い読者は記憶にあるかもしれませんが、この地震が発生した時の気象庁のマグニチュードの速報値はM７からM８程度でした。もちろんそれでもマスコミ用語で使われる巨大地震ではありました。そのマグニチュードは、発表ごとに大きくなり、最終的にはM９となりました。気象庁の速報値は、初動の大きさで決められます。ところが、その頃にはまだ地震の震源では断層が形成されている最中でした。まだ地震が起こり続けていたのです。断層面の形成が終わり、そこから発せられた地震波も到着し、改めて計測したらM９の地震だったのです。

なお地震の大きさは次のように分類されています。

写真1　阪神・淡路大震災（1995）では10階建ぐらいのビルの破壊が顕著だった。神戸市役所も左端の高層ビルは無傷。右側のビル6～7階付近が完全に潰れた。

大地震　　Ｍ７以上
中地震　　Ｍ５以上　Ｍ７未満
小地震　　Ｍ３以上　Ｍ５未満
微小地震　Ｍ１以上　Ｍ３未満
極微小地震　Ｍ１未満

研究者も使っていますがマスコミ用語として広がった巨大地震はＭ８以上の地震を指します。そしてＭ９以上の地震が決められるようになったので、東日本大震災以後、私はＭ９以上の地震を「超巨大地震」と呼ぶようにしています。ただこの呼び方がどこまで浸透しているのかは、確認はしていませんが、めったに起こらない地震なので、Ｍ９クラスの地震は巨大地震とは区別すべきと考えています。

マグニチュードが地震そのものの大きさを表すのに対し、震度は地震を感じている場所の揺れの大きさを表します。歴史的にはまだ気象台や測候所が全国に配置される前、地震大国日本で起こる地震を調べるため、四段階の震度表を作り地方の自治体に配布し、報告させたのがはじまりです。地震計もない時代、揺れを感じた時の大きさを表す統一規格だったのです。

その後、気象庁（当時は中央気象台）は震度0から震度6までの七段階の震度階を導入し、地震観測の一環として使っていました。一九四八年の福井地震を契機に、震度7を加え8段階の震度階になりましたが、職員の感覚で震度は決められていました。

さらに一九九五年の兵庫県南部地震（M7・3）で、震度に対しいろいろな批判が出た結果、気象庁にも統一した震度計が導入され、計測震度として報告されるようになりました。

写真2　神戸市役所の中層階が完全に潰れたビルは潰れた階から上層部を除き5階建てのビルとして再生。

現在は多くの自治体が震度計を導入し、そのデータは気象庁にも同時に送られるシステムが出来上がっているため、大地震が起こると、各地の震度がテレビ画面いっぱいになるような高密度の分布で報告されています。

兵庫南部地震（阪神淡路大震災）は日本では近代都市が初めて大地震に襲われた地震です。地震には強いと考えられていた地下鉄が被災し、高速道路や新幹線などの高架橋が簡単に落下しました。

なかでも新しい形の災害と注目されたのが、高中層ビルの被害です、高層ビルでは地盤沈下の影響が話題になりましたが、一〇階建てぐらいのビルでは、その六階や七階のひとつの階だけが完全に潰れた建物が続出したのです。遠方から見ると一見無傷に見えるビルが、よく見ると中層の一階部分が完全に潰れているのです。建築関係者に大きな話題を提供した地震です。

3・2　地震の起こる場所

日本列島内のどこで、どのくらいの大きさの地震が、どのくらいの数起きているかを知るには、「地震の震央分布図」を見ると分かります。研究者たちは、そのような図を簡単に見ることができますが、一般の人はなかなかその機会はないと思います。気象庁のホームページがその一つで、カラー表示で見やすいですが、少しは専門的な知識も必要です。それに対し丸善発行の『理科年表』には、「日本付近のおもな被害地震の震央（一八八五年以降）」が掲載されています。同書は多くの図書館で閲覧ができるようですから一般の人にはこの図が一番理解しやすい図だと考えていますし、私自身もよく見ています。

一八八五年ごろは、日本の測候所に地震計が設置されはじめた時期です。震源を決める方法も確立されておらず、震度分布や被害分布などから、震央を推定していた時代です。当時のマグニチュードは一九六〇年代になって研究が進み、地震計が設置されてからそれぞれのマグニチュードが求められている地震の被害分布（被害があった地域の面積）を求め、地震計の無い時代の地震の被害分布を対応させて決めたのです。

一つ一つのデータの精度にはばらつきはありますが、日本列島全体の地震活動を俯瞰するには十分なデータだと考えています。しかし、一九九一年発行の『理科年表』の図にはM9の表示はありません。すでに述べたようにM9の地震の存在は考えられなかった時代です。そして三〇年後に発行された二〇二一年版の同じ図を見ても、三〇年間のデータの蓄積で、図示された地震の数は増えM9の地震一個が示されてはいますが、全体の活動パターンは同じです。地震の起こっていない地域は明瞭に存在しています。

ここに二枚の図を示します。ともに「おもな地震の震央分布」（『図説・日本の地震』東京大学地震研究所　研究速報第九号、一九七三）ですが、図2は四一六年から一八六七年の図です。震源もマグニチュードも古文書の記載から推定されたものです。図3は、一八六八年から一九七二年までですが、実際は一番古い地震が一八七二年の「浜田地震」で、そこから一九七二年までの一〇〇年間の地震分布です。

この二枚の図は精度的には大きな違いがありますが、この程度の縮尺の地図になりますと、ほとんど同じような図に見えてきます。図3は理科年表の図と重なる期間がありますが、やはり同じように見えるでしょう。ただ理科年表にはマグニチュード9の表示があり、M9の地震が含まれているのです。

これらの図を見てまず気が付くことは、M8クラスの地震は、ただ一つの例外を除いてすべて

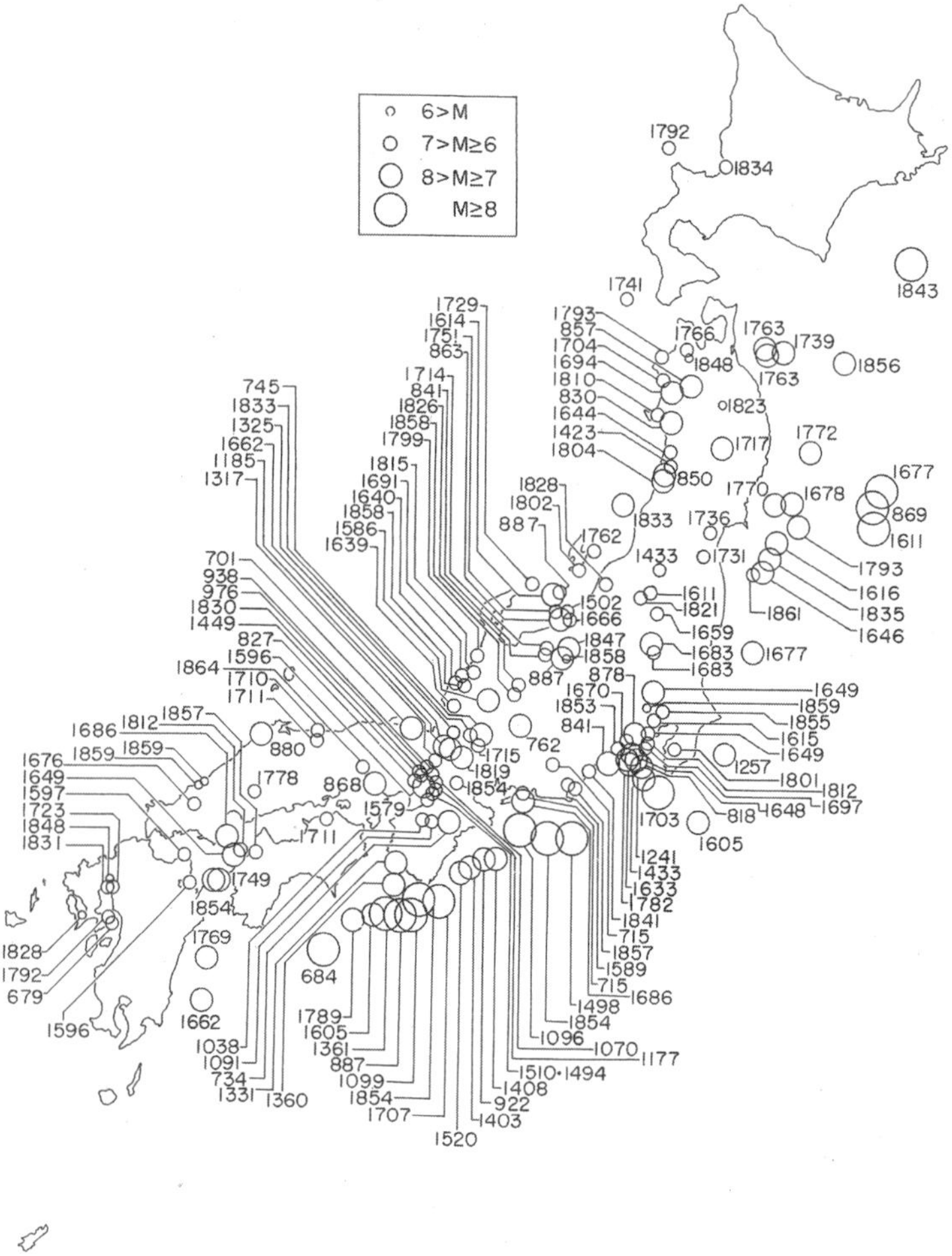

図2　おもな地震の震央分布図（416年〜1867年）（原図「図説 日本の地震」東京大学地震研究所、研究速報第9号、1973）

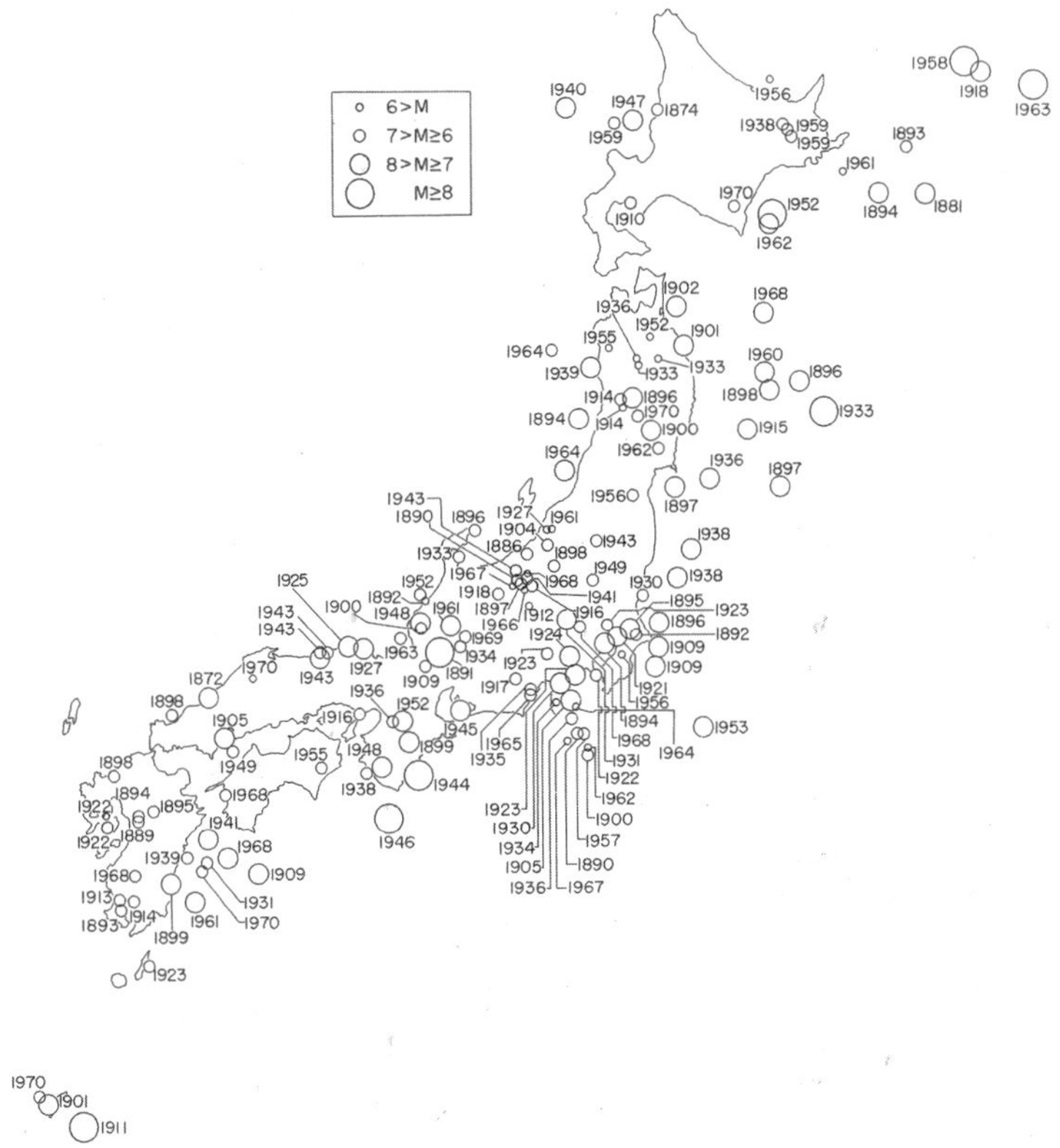

図3　おもな地震の震央分布図（1868年～1972年）（原図「図説 日本の地震」東京大学地震研究所、研究速報第9号、1973）

写真３　濃尾地震（1891）で岐阜県根尾谷に現われた水島断層。中央横に広がる白っぽい部分が6メートルのズレの上下変動。水平方向には南々東に2メートルずれた左横ずれの変動。

太平洋岸沖に発生していることです。そして、宮城県沖付近にはM９の大きな丸が位置しています。東北地方太平洋沖地震です。日本列島付近で起こる巨大地震、超巨大地震は太平洋岸でだけ起きていると言えるでしょう。

ただ一つの例外は伊勢湾の北側にあるM８クラスの地震です。一八九一年に発生した濃尾地震（M８・０）で、記録が残っている史上唯一の内陸で起きた巨大地震です。この時は当時の岐阜県根尾村に、上下方向のずれが六メートル、水平方向では左横ずれ（断層の前に立つと断層線をはさんだ向かい側が左側にずれている）二メートルの根尾谷断層（水《ミ》鳥《ドリ》断層）が出現しています。この地震では伊勢湾北部から北々西に延び、根尾谷断層を通り福井県に達する延長一〇〇キロ以上の大断層系が出現したのです。

一九六三年、大学の研究者たちが共同で、この断層付近に極微小地震まで観測できる地震計を設置して集中的に地震観測を行いました。その結果、根尾谷断層付近では三〇キロの深さまでの地殻内に微小地震や極微小地震が頻発していることが明らかになりました。付近ではそのような地震活動は無く、断層の下だけに、本震から七〇年が経過してもなお小さな地震が発生する余震活動が続いていたのです。

このような微小、極微小地震の発生は、日本列島のあちこちで日々起こっていると推定されますが、実害はありません。日本列島の内陸地域、特に本州や北海道では大きな地震は発生していません。

日本海側も、沿岸に沿って被害地震がときどき発生しています。北海道西岸沖から東北日本西岸沖には南北に三個のＭ７クラスの地震が分布しています。これらの地震については３・７で詳述します。

九州では面積に比して多くの活動的な火山が分布しており、内陸にも地震活動が見られます。日向灘はＭ７クラスの地震がときどき発生することで知られています。

図４　濃尾地震では伊勢湾北部から北々西に延び福井県に達する大断層が出現（原図「図説　日本の地震」東京大学地震研究所、研究速報第９号、1973）

このように日本列島内陸地域では、地震があまり起きない地域とたびたび起こる地域とが混在しています。地震国日本とは言っても、必ずしも自分の居住する地域で、被害を伴うような地震が起こるとは限らないことを、まず理解してください。

私は、日本国民が一生のうち震度5（強、弱）以上の地震に遭遇する割合は数回あれば多いほう、震度6（強、弱）に至っては、一生に一度あるかないかの珍しい出来事と考えてよいと主張しています。ただし、その主張には一つの前提があります。「ある地域で、ある時期の例外はある」ということです。すでに書きましたように東日本大震災の被災地では、地震後一〇年以上が経過しても、まだときどき震度5や6の揺れに見舞われています。余震活動が続いているからです。

私の住む神奈川県では一九二三年の大正関東地震以後、震度5を、県西部では一九三〇年の北伊豆地震で経験はしましたが、全県では二〇一一年の東日本大震災が初めて、つまりほぼ九〇年ぶりです。ですから大正関東地震の翌年一九二四年に生まれ二〇一〇年までに亡くなった人は、神奈川県に住み続けていたなら男女の平均寿命を超えても生涯一度も震度5の地震を経験しなかったことになります。首都圏は直下型地震の発生が叫ばれていますが、被害を伴うような大地震はそうたびたび起こるものではないことを、まず理解して欲しいです。

地震列島と言われる日本列島も、詳しく見れば頻繁に大地震が発生し続けているわけではありません。自分自身が大地震に直面する割合は実は極めて低いのです。その点を理解して、「過度に恐れることなく」自分や家族に適した地震対策を考えてください。

3・3　大地震の予測されている地域

日本列島で大地震が必ず発生すると言えるのは千島海溝、日本海溝、伊豆・小笠原海溝沿いの太平洋沿岸地域、相模トラフ、駿河湾トラフ、南海トラフ、南西諸島海溝の太平洋沿岸地域です。内閣府は二〇二一年一二月二一日に東北沖から北海道・日高に続く「日本海溝」（M9．1）と十勝沖から千島列島にかけての「千島海溝」（M9・3）の二つの地震による被害想定を公表しました。いずれも超巨大地震が発生すると想定し、その死者を最悪の場合「日本海溝」の地震では一九万九〇〇〇人、「千島海溝」が一〇万人と発表しました。死者のほとんどは津波によるもので、防災対策をすれば死者数を八割は減らせるとも指摘しています。

報道では、「このような最大級の地震について「発生の頻度は極めて低い」と説明しているが、最悪の場合を想定した防災対策の立案や体制の整備、国民の防災意識の向上を目的として公表した」としています。

このような数値が発表されると、地元の人はどう対応してよいか分からなくなり、混乱するでしょう。そこで日ごろから自分の居住地域では大地震が発生したらどうなるか、過去の事例を学び（敵を知り）どうすれば生き延びられるかを考えておくのです。

北海道や東北の海岸付近では、堆積物の調査から三〇〇～四〇〇年に一度ぐらいの割合で、津波が襲来しているらしいことは気付かれていいます。そして、直近では一七世紀頃に発生しているので、次の発生は迫っていると評価されたのです。

そこで疑問が生じます。三〇〇～四〇〇年ごとに、本当に超巨大地震が起こっていたのか、一〇〇〇年に一度程度と言われる超巨大地震が近い将来、例えば五〇年以内に本当に起こるのかというような疑問です。この警告は現在の我々の世代への警告です。我々の世代の活動期間は長くてもあと数十年です。それを一〇〇年間としても、地球の一生を一〇〇億年と仮定した時、一〇〇年というのは、人間の寿命一〇〇年の感覚からすれば、たった三〇秒程度です。地球にとっての三〇秒のずれは、あっという間ですが、人間にとっては一生に相当して、いくら警告をされても何も起こらず生涯を閉じる人がほとんどになるのです。この点を「正しく理解し」発表された数値に驚くのではなく、もし大揺れが発生したら必ず津波が発生しますから、そこから逃れる方法を普段から考えておいて欲しいのです。

内閣府も東日本大震災の折に流行した「想定外」を言わせないために、このような発表をするのでしょう。

行政の対策としては考えなければならないことはいろいろあるでしょうが、個人的には「津波が来るなら逃げる」あるいは「津波が発生したらここへ逃げる」などを常に考えるのが最良の対策だと考えます。

伊豆・小笠原海溝沿いでは、二〇一五年五月三〇日、小笠原諸島西方沖でM8・1の巨大地震が発生しました。この地震は深さ六八二キロ、つまりフィリピン海プレートの下に沈み込む太平洋プレートの先端付近で発生した珍しい地震でした。この地震は広い範囲で揺れは感じました。小笠原諸島では震度5強を記録しましたが、震源が深いので被害はほとんどなく、日本列島からは一〇〇〇キロ以上も離れており、被害が発生した地域はありません。

今後、巨大地震がこの海域で発生する可能性はありますが、小笠原諸島はともかく、日本列島内では震害の心配はありません。しかし、津波が襲来する可能性は十分ありますので、地震が発生した場合には、小笠原諸島や伊豆諸島はもちろん、太平洋沿岸の広い範囲で津波の襲来に備える必要はあります。

3・1でもふれましたが、北上してきたフィリピン海プレートは南海トラフを形成しながら、西日本でユーラシアプレートの下に沈み込んでゆきます。その沈み込む北東端には伊豆半島がありますが、伊豆半島もフィリピン海プレートに乗って北上してきて、日本列島に衝突したと考えられています。フィリピン海プレートは伊豆半島に邪魔される形で、沈む方向が北東側と北西側に分かれました。北東側に沈み込んだフィリピン海プレートは相模湾に相模トラフを形成し、北西側は駿河湾内に駿河トラフを形成しています。

相模トラフ沿いに発生するのが関東地震ですが、その詳細は次節で述べます。

駿河トラフは西に延び南海トラフに続きます。南海トラフ沿いの地震については3・5で詳述します。ただ、駿河トラフ沿いの地震について、一九七〇年代、東海地震発生説が流れました。その結果、一九七八年一二月には、「大規模地震対策特別措置法」が施行され、大地震（実際には東海地震）の発生が予想されたら、内閣総理大臣の権限で、新幹線を止めたり、高速道路を閉鎖したりと、諸対策を実施可能にしました。しかしこの法律は一度も使われることなく、二〇一七年、その役目を終えました。

南海トラフの西端の日向灘から南西諸島の太平洋側でも巨大地震の発生する可能性があります。発生すれば津波の発生が予想されます。震害と津波対策の両方が必要になります。一七七一年には「明和の八重山津波」を起こした地震（M7・4）が発生し、震害はほとんどなかったようですが、八重山・宮古両列島に津波による大きな被害が発生しています。一九一一年には「喜界島地震」（M8・0）が発生し、有感域は中部日本にも及び、喜界島、奄美大島、沖縄本島などに大きな被害が発生しています。

千島海溝・日本海溝の地震については中央防災会議の作業部会が防災体側をまとめ二〇二二年三月に公表しました。また日向灘や南西諸島海溝周辺など九州から沖縄周辺のM7以上の地震についても地震調査研究推進本部はその発生確率を公表しました。これらについては、7・2で詳述します。

3・4　首都圏の地震

日本の首都圏付近では四枚のプレートが相接しています。世界の国々のなかで、首都がこのようになっている地域に立地している国は日本だけでしょう。同じ島国のニュージーランドの首都ウェリントンも市中に断層が走るプレート境界に位置していますが、二枚のプレートが接しているだけです。

首都圏直下では北アメリカプレートの下に、東側から太平洋プレートが沈み込んでいます。さらに南西側からフィリピン海プレートが沈み込み、その先端は東京湾の下あたりで太平洋プレートの上面に接しています。したがって垂直構造で見れば、首都圏の最上層は北アメリカプレート、その下にフィリピン海プレート、さらにその下に太平洋プレートが存在しているのです。神奈川県から相模湾にかけての地域では、北アメリカプレートの下にフィリピン海プレートが沈み込んでいるのです。

首都圏を含む南関東や伊豆半島周辺で起こる地震は次のように大別されています。

1. 関東地方内陸、北アメリカプレート内で発生する内陸型（プレート内）の地震。よく話題になる東京直下地震もこのタイプです。
2. 伊豆半島や伊豆諸島、つまりフィリピン海プレート内で発生する内陸型（プレート内）の地震。
3. 相模湾から房総半島南方のフィリピン海プレートの沈み込みに伴う海溝型地震。元禄関東地震、大正関東地震はこのタイプです。

4．南関東直下のフィリピン海プレート内で発生するプレート内地震。

5．茨城県沖から房総半島沖、さらに小笠原海溝にかけて太平洋プレートの沈み込みによる海溝型地震。前節で述べた二〇一五年に発生したM8・1の深発地震（一〇〇キロ以上の深いところで起こった地震）や一九七二年に起きた「一九七二年一二月四日八丈島東方沖地震」（M7・2）もこのタイプです。

6．南関東一円直下の太平洋プレート内で発生するプレート内地震。

首都圏で現在心配されているのは、東京都の直下で発生する直下型地震です。一九世紀には一八八五年の「安政の江戸地震」（M7・0～7・1）、一八九四年の「東京地震」（M7・0）と二つの直下型地震が東京を襲いました。大正関東地震を経験した人の中には、この二つの地震の経験者もおり、地震に対する関心と恐れとは一層強くなったと聞きました。大正関東地震以後、東京都や神奈川県の首都圏では直下型地震に対する人々の関心は高くなっているのです。

東日本大震災の後、東京の新聞社が、地震研究者一〇人に首都圏に直下型地震発生の可能性を問うていました。一〇人の中には、この人は地震を研究したことがあるのだろうかと疑問に思う人もいましたが、とにかく一〇人全員が首都圏で直下型地震が誘発される可能性が高いと回答していました。

同じような質問は週刊誌でも行われました。ある週刊誌では七人の地震研究者に同じような質問をしていました。七人のうち六人は、近いうちに直下型地震が起こる可能性が高いと答えていました。一人だけ「学問的に証明されていないので、起こるかどうか分からない」と答えていました。実は「分からない」と答えたのは私でした。実際一つの地震が起こった後、その地震に伴う余震は起こりますが、遠方で独立して地震が起きるということは経験的にはそのような例も分かっていましたが、遠く離れた地点で地震が誘発されるか否かという学説は確立されていませんでしたし、その状況は現在も同じです。

「近いうちに首都圏で直下型地震発生の可能性がある」と答えた人は、その「近いうち」をどのくらいの時間と考えていたか分かりませんが、一〇年以上が経過した今日でも、東京直下地震は起きていません。彼らの感想を聞きたいところです。

詳細は他著（『あしたの地震学』青土社、二〇二〇、『次の首都圏巨大地震を読み解く』三五館、二〇一三）に譲りますが、関東地震は過去に一二四一年、一四九五年、一七〇三年、一九二三年の四回確認されています。一七〇三年の元禄関東地震が発生した後、地震活動の静穏期が続きましたが、一九二三年の関東地震発生のおよそ七〇～一〇〇年前ごろから、首都圏での地震活動が活発になっていました。その先駆的地震が「安政の江戸地震」でした。その後、一八八〇年の「横浜地震」（M5・5～6・0）、一八九四年の「東京地震」（M7・0）、一九〇九年や一九一五年には房総半島付近でM6～7の群発的な地震活動、一九二一年「竜ケ崎地震」（M7・0）、一九二二年「浦賀水道地震」（M6・8）などが起こった後に大正関東地震の発生につながったのです。

そこで、過去四回の関東地震発生の例から、次の関東地震が起きるのは二一三〇～二一八〇年ごろと推定できます。すると首都圏で地震活動が活発になってくるのは、その一〇〇年前ごろからで二〇五〇年ごろではないかと推定できるのです。ですから私は、首都圏での直下型地震の発生は二〇五〇年ごろから、関東地震の発生は二二世紀になってからと推定しています。

これはいわゆる地震予知ではありません。過去の地震活動との類似性からの推測です。「前に起こった関東地震と同じような起こり方をするとすれば」という仮定が入っていることに注意してください。東京直下地震はまだ先の話とはせず、たまには家族で大揺れの地震が起きた時はどうするか、話し合ってください。子供から孫へその話合いを続けその積み重ねが、いざというとき家族全員の命を救うのです。

3・5　南海トラフ沿いの地震

日本列島に沈み込むフィリピン海プレートの北東端で、伊豆半島の西側の沈み込みによって駿河トラフが形成され、その延長上に南海トラフが形成されています。その駿河トラフから南海トラフの四国沖付近までの間に東海、東南海、南海の巨大地震が発生しています。

最古の記録は六八四（天武一三）年で「天武天皇の南海・東海地震」（M8 1/4）と命名されています。それ以来一九四六年一二月二一日の「南海地震」（M8・0）まで九回の巨大地震の発生が認められます。九回と記しましたが、この付近の巨大地震は東西で連動する傾向があります。一九四六の南海地震の二年前、一九四四年一二月七日に「東南海地震」（M7・9）が発生しています。

一八五四年一二月二三日に「安政の東海地震」（M8・4）、一二月二四日に「安政の南海地震」（M8・4）の巨大地震が続発しました。一〇九六年一二月一七日に「永長の東海地震」（M8・0〜8・5）、一〇九九年二月二二日には「康和の南海地震」（M8・0〜8・3）が起きています。明らかに連動した例はこの三回ですが、情報網が発達していない時代では、一〜二日の間隔で二つの地震が発生していたとしても区別できなかった例があるのではと考えられています。南海トラフ沿いの地震では、このようにペアとみられる地震はいずれも一回と考え、九回発生しているとされています。

これらの地震の発生間隔は一〇〇年から二五〇年程度です。したがってこの発生間隔から考えれば、次の南海トラフ沿いの地震は、早ければ二〇五〇年ごろとなるわけです。ところがその後、東海地震発生説や「大地震が切迫している」との説が世の中を騒がせました。

すでに何度かふれた一九七〇年代の東海地震発生説は、一九四四年の東南海地震では駿河湾沿いの地域の被害が軽微だったことから、断層の破壊は駿河湾までは達していないのではとの指摘があり、その部分が壊れれば大地震発生につながるという予測のもとで東海地震発生説が発表されました。しかし、繰り返しますが発表から半世紀近くが経過した二〇二二年になっても東海地震は発生していません。

東海地震は起こりませんでしたが、一九九五年「兵庫県南部地震」（阪神・淡路大震災、M７・３）が発生すると、「西日本は地震の活動期に入った」と指摘する研究者が現れ、一九九〇年代の終わりごろから「大地震は切迫している」と世の中に啓蒙されていきました。

私は彼らの発表の趣旨、根拠が十分に理解できないので、二〇〇五年ごろの地震学会の大会で、「大地震は切迫している」と発表した人に質問しました。「大地震が切迫している」と発表をはじめて数年になるが、まだ起きていない。私が自分の講演の際などに聴衆に聞いた「切迫という言葉のニュアンス」では、七～八年が限度で一〇年にはならない、あなたが発表をはじめてからはすでに切迫という期間は過ぎているのではないか？　この質問に対する答えは、一般の人々はかなり誇張をしないと、真剣に考えないので、あえて強く言っているとのことでした。この切迫説を主張していた人たちは二〇一一年三月一一日に東北地方太平洋沖地震が発生したとたん、「想定外」を言い出し、「大地震切迫説」は言わなくなりました。見事な転身です。

東北地方太平洋沖地震は三陸沖で起きた地震、つまり太平洋プレートの沈み込みによって発生した地震です。一方、切迫していると主張された地震は南海トラフ沿いの地震で、フィリピン海プレートの沈み込みによって発生する地震です。地震の起こる場所が異なるのですから、大地震が切迫していることに変わりはないはずですが、切迫説は発言されなくなりました。このように南海トラフ沿いの地震は、一九七〇年代からその発生で世間を騒がせてはいますが、発生には至っていません。

ただ政府は、対策を講じなければならない地震の一つとして、南海トラフ沿いの地震を指摘しています。その被害想定によれば、死者は三二万三〇〇〇人、建物の全壊、焼失二三八万五〇〇〇棟、経済的な被害は国家予算の二倍に相当する二二〇兆三〇〇〇億円と報告されています。

南海トラフ沿いの地震は震源が海岸から離れているので、震害よりも津波の被害が大きいのです。揺れを恐れるより、津波に対し何処へ逃げるのがよいか、年に一度ぐらいは家庭内で話し合うべき課題です。ただ、恐れるのではなく、想定される被害をよく考えて、つまり「敵を知って」対策を立てることが必要です。

3・6　三陸沖地震

日本海溝の北の領域の三陸沖では、しばしば巨大地震が発生し、大津波が三陸海岸に襲来しています。八六九年七月一三日（貞観一一年五月二六日）の「貞観の三陸沖地震」（M8・3）が記録に残る最も古い三陸沖の巨大地震です。人口密度が現在よりはるかに少ない時代ですが溺死者が一〇〇〇人に達しています。津波による堆積物の調査からMw8・4と見積もられ、一〇〇〇年に一度の巨大地震と考えられていました。

この海域ではその後、一六一一年の「慶長の三陸沖地震」（M8・1）、一六七七年の「延宝の三陸沖地震」（M7・9）、一八九六年の「（明治）三陸沖地震」（M8・2）、一九三三年の「（昭和の）三陸地震」（M8・1）などの巨大地震があり、二〇一一年の「東北地方太平洋沖地震」（M9・0）へと続くのです。

これらの地震の特徴はその震源がいずれも三陸海岸より一〇〇キロ以上は離れており、地震動による震害よりも、津波の被害のほうが甚大だという点です。一八九六年や二〇一一年の地震では、津波はハワイや北アメリカ大陸にも達しています。

この三陸沖の地震列の内側、三陸海岸との間にも、M7クラスの大地震が発生しています。二一世紀に入っても二〇〇三年（M7・1）、二〇〇五年（M7・2）などに起こり、その後は付近一帯の海域は東北地方太平洋沖地震の余震域に重なっています。

三陸沖から十勝沖にかけても、巨大地震が発生する地域です。二〇〇三年の「（平成）十勝沖地震」（M8・0、Mw8・3）が発生した海域では、一九五二年に「（昭和の）十勝沖地震」（M8・2）、一九六八年には「（一九六八年）十勝沖地震」（M7・9）などが起こり、青森県東部や北海道東部の太平洋岸で、津波とともに、震害も発生しています。

一九七三年六月一七日には根室半島南東海域で「根室半島沖地震」（M7・4）が起こり、六月二四日にはその余震と思われる地震（M7・1）が発生、本震に続き、震害とともに津波も発生しています。

十勝沖地震や根室半島沖地震を含め、三陸沖の日本海溝から千島海溝沿いには、多くの地震が発生しています。したがって、地震がたびたび起こるからと、ただ恐れるのではなく揺れによる被害（震害）はどのくらいか、津波はどの程度かを地震のたびに確認し、自分自身の知識として持っておくと、無用な心配をしなくて済むでしょう。なおこの節に関連した事項を7・1と7・2で詳述します。

3・7　日本海側のプレート境界の地震

日本海側は太平洋側に比べて、地震活動度は低いですが、ときどき大地震が起こり、震害に加え津波の被害も発生しています。

一八八三年、山形県庄内地方を中心に被害の起きた地震（本書では「庄内沖地震」（M7 1/2）と呼ぶ）では、山形県から新潟県、佐渡、能登半島でも津波の被害が発生しています。震害で四六人、津波ではおよそ一〇〇人が亡くなっています。

一九四〇年には「積丹半島沖地震」（M7・5）が発生しました。震害はほとんどなく津波の被害があり、北海道の天塩川河口付近だけで一〇人が亡くなっています。

一九六四年には「新潟地震」（M7・5）が起こりました。信濃川河口付近に発達した新潟市は地盤が軟弱で、市内各所で噴砂水が見られ、地盤の液状化による被害が多数発生しました。地震被害として液状化が注目されるようになりました。四階建ての鉄筋コンクリートの県営住宅が根こそぎ倒れ土台がむき出しになったり、一見無傷のビルでも、地盤沈下で建物の一階部分の半分は地下に沈んでいたり、新しく建設された昭和大橋が落下したのに、昭和初期に造られた万代橋は無傷だったり、石油タンクで火災が発生するなど、新しい都市建設を検討する場に多くの話題を提供した地震で、死者は二六人でした。

津波は日本海沿岸一帯に襲来し、新潟市沿岸での波高は四メートルに達しました。新潟県北部の粟島は一メートルほど隆起しました。この隆起に対し、地元の漁師は「潮が引いたまま帰ってこない」と表現していました。

一九七一年にはサハリン南部―北海道北部沖で「サハリン南西沖地震」(M7・1)が起きています。この地震と一九四〇年の積丹半島沖地震の震源域との間には、過去二〇〇年ぐらいの間、大地震が起きていない地域があることは注意しておいたほうがよいと思います。この海域の次の大地震発生の候補地です。

一九八三年には秋田県沖で「日本海中部地震」(M7・7)が発生しました。震害及び津波による被害は秋田県が最も多く、青森県や北海道がこれに次ぎます。津波は七〇〇キロ以上離れた島根県隠岐の島にも到達し、被害を発生させています。死者の合計は一〇四人ですがそのうち一〇〇人は津波によります。震源に近い秋田県の海岸へは、気象庁が津波警報を発令する前に津波が到達しています。男鹿半島の海岸では遠足に来て、昼食を食べはじめた児童一四人が津波の犠牲になりました（『あしたの地震学』一五六頁参照）。

一九九三年に北海道南西沖で「北海道南西沖地震」（M7・8、Mw7・7）が発生しました。死者・行方不明者は二三〇人でした。震源に近い奥尻島では、地震発生後間もなく津波に襲われ甚大な被害が発生しました。地震後火災が発生し、南端の青苗地区は壊滅しました。津波の高さは青苗地区では一〇メートルに達しています。

これらの地震はサハリン南部の沖合から、日本列島西岸沿いに一〇〇〇キロ以上の距離にほぼ直線上に並びます。そして、最南端の新潟地震の先は日本列島の中のフォッサマグナに続いています。この日本海沿岸に沿って南北に延びる大地震列は、プレート境界を表しています。日本列島側が北アメリカプレート、逆の西側の日本海側はユーラシアプレートに属します。このように北海道から東北地方の日本海沿岸では、ときどきM7クラスの大地震が起き、被害が発生しています。地震を感じたら海岸付近では必ず津波が襲来すると考え、日ごろから何処へ避難するかを地域の人々や家族と話しあっておいてください。必ず役立ちます。

フォッサマグナには多くの活断層が分布し、相対的には周辺地域より地震活動が活発な地域となっています。

3・8 日本海沿岸の大地震

日本海沿岸に沿ってもM6〜7クラスの地震の活動が認められ、被害も発生しています。

一九三九年には秋田県沿岸北部で「男鹿地震」（M6・8）が発生し、二分後にもM6・7の地震が起こりました。当時は十分議論されなかったようですが、同じ大きさの地震が続けて起きた双発型地震と解釈できます。死者二七人で、男鹿半島の西側で四四センチの地盤の隆起が認められました。男鹿半島北側には地滑りがあり、海岸に沿い一キロ以上の地域が海側に滑り落ちました。そこに点在する亀裂から小さいながら断層が出現したことを示しています。

二〇〇七年三月二五日には能登半島沖で「能登半島地震」（M6・9、Mw6・7）が、また七月一六日には新潟県上中越沖で「新潟県中越沖地震」（M6・8）が起こりました。ともに日本海沿岸のユーラシアプレート内で発生し、死者も出て、小規模ながら被害も発生して、津波も起きています。新潟県中越沖地震では柏崎原子力発電所でも、小さな被害が出ました。日本で原子力発電所が地震によって被災した初めての例です。

一九五二年には石川県西方沖で「大聖寺沖地震」（M6・5）が発生し、石川、福井両県で死者四人を含む、若干の被害が出ています。歴史的にもこの付近では軽微の被害を伴う中地震が発生しています。

一九四八年には「福井地震」（M7・1）が起こりました。被害は福井平野及びその周辺に限られましたが、死者三七六九人は関東大震災以来の多さでした。第二次世界大戦後間もなくの地震発生でしたが、駅前のデパートのつぶれた写真が新聞の一面を占めたのが印象的でした。南北に地割れの連続として総延長約二五キロの断層が生じました（『あしたの地震学』九四頁参照）。

福井地震では二つの学問的な進歩がありました。その第一は、まだそんな呼び名がない時代でしたが、現在で言えば微小地震や極微小地震の発見でした。身体に感じない小さな地震が存在することが示されたのです。戦後の貧しい時代ですべての物資が不足しているときでしたが、東京大学地球物理学教室の二人の学生が、高感度の地震計を製作し、山中温泉の小学校の校庭の隅に設置して余震観測を行いました。昼間は人工的なノイズが多いので、夜だけ観測した結果、それまで知られていなかった小さな地震の観測に成功したのです。そして世界で初めて、地震現象には身体に感じない小さな地震（現在ではM1程度の地震）が発生していることを突き止め、最小の地震はこの程度の大きさであると示したのです。

第二の発見は気象庁（当時は中央気象台）によってなされました。地震後被害調査をしていた職員が、震度6の地域を調べていましたが、その地域はほとんどの家屋が全壊していました。そこで、体感で震度6と決められた地域でも、地震後の調査で家屋の全壊率が三〇パーセント以上の地域があれば、その地域は震度7とすることになったのです。それまで震度0から震度6の7段階の震度階に震度7が加わり、8段階の震度階になったのです。ただし、大揺れの中で体感での識別は難しいでしょうから、震度7はあくまでも地震後の調査によって決まるのでした。

一九二五年五月、兵庫県北部で「但馬地震」（M6・8）が発生し、円山川河口付近に長さ一・六キロの断層が認められました。死者四二八人、全壊家屋一二九五棟、焼失家屋二一八〇棟と大きさの割には大きな被害が出ています。久美浜湾北東隅の葛野川河口付近の水田、桑田で陥没が起こり海となりました。

この地震から一年九カ月後の一九二七年三月七日、東方二〇キロの京都府北部の丹後半島を中心に「北丹後地震」（M7・3）が発生しました。被災地域は淡路島、岡山、米子、徳島、香川、大阪、三重に及び、死者二九二五人、全壊家屋一万二五八四棟に達しました。丹後半島を北北西から南南東に切断するように長さ一八キロ、左横ずれで、変位量は二・七メートルの郷村断層と、その南で直行するように長さ七キロの山田断層が出現しました。直行する断層が現れたことで、多くの研究者が注目する地震です。

一九四三年三月四日一九時一三分、鳥取県東部に、専門家の間では「鳥取県沖地震」（M6・2）と呼ばれている地震が発生し、翌日三月五日の四時五〇分には、五キロほど南で同じ大きさの地震（M6・2）が発生しました。私たちも「鳥取県沖地震」として論文（『図説　日本の地震』東京大学地震研究所、研究速報、第九号、一九五八）は書きましたが、厳密には震央は沿岸付近です。男鹿地震でも述べましたが、このように短い時間間隔で同じような地震が二つ起きた場合は双発型地震と呼びます。この地震による被害は軽微でした。

なお双発型地震の例としては一九四九年一二月二九日の栃木県の「今市地震」（M6・2、M6・

4）や一九五九年一月三一日の北海道「弟子屈地震」（M6・3、M6・1）などがあります。このように過去に双発地震が発生した地域では、これからも発生する可能性があります。近年は地震が起きると気象庁の発表は必ず「（本震と）同じような揺れの地震が起きる可能性があるから注意」と述べます。この発表が役立つ数少ない例が上記地域の双発型地震の発生です。地元住民は自分の居住地域の「地震のクセ」を理解しておいてください。

そして「鳥取県沖地震」から約六カ月後の一九四三年九月一〇日、ほぼ同じ場所で、但馬地震の震央からは西に七〇キロ離れた鳥取市を中心に、「鳥取地震」（M7・2）が発生しました。鳥取市を中心に被害は大きく死者一〇八三人、全壊家屋七四八五棟でした。鳥取市の西方に、東西方向にほぼ並行して水平に延びる長さ四・五キロの吉岡断層とその南側の長さ八キロの鹿野断層が生じました。鹿野断層上の末用《スエモチ》で、「断層の直上にあった農家がねじれはしたが倒壊はしなかった」ことで、研究者には知られている地震です。

二〇〇〇年一〇月六日、鳥取県西部で「鳥取県西部地震」（M7・3、Mw6・7）が起きました。鳥取県境港市と日野町で震度6強が計測されました。これは一九九六年に計測震度が導入されて以来、初めての「震度6強」でした。死者はなく、全壊家屋も四三五棟でした。地殻内でM7クラスの地震が起こると多くの場合、事前に活断層の存在が指摘されていましたが、この地震に関してはそのような報告もなく、地震後も地表面には明瞭な断層は認められませんでした。

同じ日本海側に面した県ですが、島根県ではこれまで、あまり大きな地震は起きていません。

写真4　浜田地震（1872）の後、現われた（隆起した）畳ケ浦。ノジュール（貝殻の岩酸カルシウムの働きでコンクリートのように固まった丸味を帯びた岩塊）やクジラ、海生生物の化石を含んだ海食台。

しかし非常に重要な現象が認められた地震が、一八七二年三月一四日（明治五年二月六日）に発生しました。ただし、地震研究者による本格的な調査が行われたのは、それからおよそ三〇年後でした。一八九一年の濃尾地震を契機に発足した震災予防調査会の調査の一環として、東京大学の今村明恒によってなされ、報告が出版されたのは一九一三年になってからです。

　震源地は島根県浜田市付近、発震時刻は一七時ごろでした。この地震の特徴は、地震前後で明瞭な地殻変動が観測されたことです。今村の報告には「浜田浦よりその東北方の五十猛《イソダケ》、湯里、長浜、国分においては、大震数分前に二～三尺乃至七～八尺の退潮が認められた。浜田浦の鶴島（海岸より一四〇尺、付近の水深一〇尺）の岩の根まで露出し、あわびをとることができたという。浜田浦より南西方では退潮は認められていない」とあります。

　この地震の前には明瞭な退潮、つまり海水が引いて陸地が露出する現象が現れたのです。この例から今村明恒は地殻変動と地震発生の関連に非常に興味を持ち、その後も自費で観測網を整備して、予知に取り組みました。また一九六五年にはじまった日本の地震予知研究計画でも、地震の前兆現象としての地殻変動の検出に力が注がれました。

地震後の調査でも浜田付近は隆起し、その北東方向の海岸線は数十センチの沈降、浜田から北東に五キロ離れた海岸線は一～二メートルの隆起が認められました。この隆起した地域一帯は畳ケ浦と呼ばれ、国の名勝に指定されています。地震で露出した岩畳にはクジラをはじめ数多くの海息動物の化石が含まれています。畳ケ浦の詳細は他著（例えば『地球科学者と巡るジオパーク日本列島』、丸善、二〇二一）に譲りますが、地球科学の視点で、大変興味深い場所です。なお残念ながら鶴島は、四〇年前に浜田港の整備の際に爆破されなくなりました。

3・9　学者・気象庁を困らせた地震

フォッサマグナの中央付近に位置する善光寺平では、古くは八八七年、信濃北部を中心にM7・4の地震、一八四七年には信濃北部や越後西部を中心に「弘化の善光寺地震」（M7・4）などが発生しています。M6クラスの地震もときどき発生していましたが、二〇一一年三月一二日、長野県北部、新潟県との県境付近の栄村を中心に地震（M6・7、Mw6・3）が発生し、住居の全壊七三棟という程度の被害が出ました。栄村で震度6強、新潟県の二カ所で震度6弱を記録しました。この地震は前日発生した東北地方太平洋沖地震で誘発された地震とされています。

写真5　善光寺地震（1847）で善光寺本堂東側入口の柱がねじれ、現在もそのまま維持されている。

新潟県から長野県の善光寺平に続く付近一帯は、まさにフォッサマグナの中心地域で、北アメリカプレートの先端部分に相当します。土地の褶曲により、大・小多くの活断層が存在していて、地震活動は比較的多い地域と考えられています。

第二次世界大戦中、軍部は内地決戦に備え、皇居と大本営を移すべく、長野市南部の松代町（当時）の硬い岩盤の山中に縦横にトンネルを掘りめぐらしました。そしてその坑道に続く入り口付近に、皇居となる両陛下の御座所と宮内庁の平屋建ての三棟の建物を建てたのです。敗戦後、この建物とトンネルの利用方法が協議され、建物とそれに直結するトンネルの一部に中央気象台（当時）が地震観測所を設置し、地震観測を開始しました。

松代町は狭い日本列島の中では、海岸から離れた地点で、海洋の波浪による地面の脈動も少なく、世界的にも感度のよい観測所へと発展し、現在でも気象庁の重要な地震観測所として機能しています。

その地震観測所に、アメリカは世界標準地震計を設置することを依頼してきました。一九六〇年代当時、アメリカとソ連（現ロシア）は冷戦の最中でした。アメリカは短周期地震計三成分と長周期地震計三成分、合計六台の地震計を一セットとして、世界標準地震計と称し、世界中の自由主義国一二四カ所に配置したのです。目的はソ連の地下核実験の探知です。日本には二セットの設置が計画され、その一セットが松代に、もう一セットは東京大学地震研究所が広島県に新設した白木微小地震観測所（現広島地震観測所）に置かれることになりました。

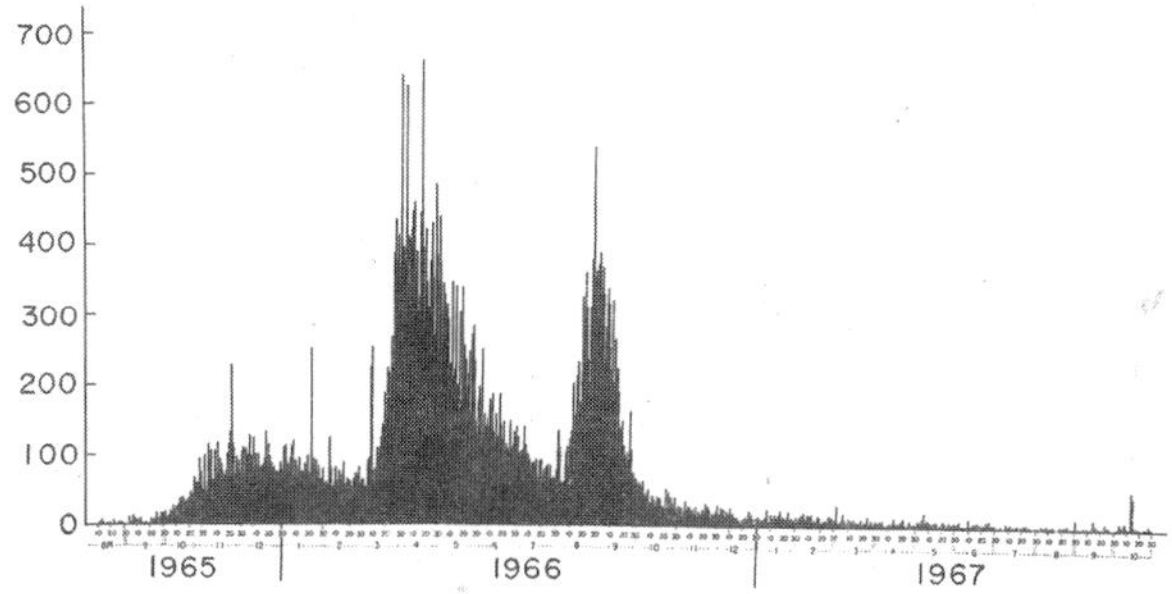

図5　松代における松代地震の日別有感地震回数（原図「図説 日本の地震」東京大学地震研究所、研究速報第9号、1973）

松代では一九六五年六月から設置がはじまり、七月末には観測体制が整いました。観測開始直後の八月三日から小さな地震が起こりはじめこの地震計に記録されるようになりました。身体に感じる地震も起こるようになり、それまでは一年に一〜四回程度だった有感地震が一九六五年八月から一二月までだけで六九九〇回を数えました。松代群発地震のはじまりです。東京大学地震観測所は地震予知研究計画で発足したばかりの、余震観測や臨時観測に備えた移動観測班を現地に派遣し、八月下旬から観測をはじめました。

結局、この活動は二年間続き、一九七〇年代まで松代地震観測所で計測された有感地震の数は六万二八二一回、そのうち震度5は九回ありました。有感地震が起こり、地鳴り、湧水、地滑りなどの地変も現れだしました。多くの地震研究者はこの地震現象を調べるために、現地調査を繰り返しました。マスコミも連日この現象を報道していました。

現地を訪れた研究者たちは、たびたびマスコミから質問され、そのたびに自説を話し、その結果はすぐ報道されるということが繰り返されました。研究者にとっても初めての現象です。地元とはいっても松代地震観測所も現状把握はできても、先の見通しは話せません。そんな中で、研究者たちは忖度することなく自説を展開しますから、松代地震に関しては諸説が展開され、近隣市町村の自治体を含め世の中は混乱させられました。

気象庁は業務の一環として、地震活動の情報は長野地方気象台から発表していました。ところがその内容はしばしば、研究者たちの話とは異なります。住民は地震活動の活発化で恐怖と不安にイライラさせられているのに、この食い違いは続きました。政府から松代町長に「必要なものは何でも送るから」という問い合わせに、「学問が欲しい」と答えた逸話は、その後も心ある地震研究者の間で語り継がれました。

地域住民に無用な不安を与えないための情報の一本化を、関係者は相談しました。その結果気象庁、国土地理院など現地での観測や調査を実施している国の機関と大学が、起きている現象に対しそれぞれの見解を出し合い、情報を一本化して発表するため「北信地域地殻活動情報連絡会」を組織しました。その事務は気象庁が担当し、発表は長野地方気象台が行うことになりました。

現地で観測調査を実施している関係機関はそれぞれの調査結果や解析結果、地震活動の推移などを、まずこの連絡会に報告するようになり、この組織は大変良く機能しました。大学と気象庁の連携、協力が上手くいった例です。このような組織が成功していたので、その後地震予知研究観測を実施している機関が、「地震予知連絡会」を組織し情報をまとめ発表することになったのです。

3・10 学者を狂わせた東日本大震災

二〇一一年三月一一日、東北地方太平洋沖地震が発生した時、一部の地震学者が「想定外」と言いだし、この言葉が流行語になりました。私は地震発生時には旅行中で、帰宅した一四日からインフルエンザで、家で静かにしていましたので、テレビチャンネルをあちこちの局に合わせてつぶさに見ることができました。すでに記したように、地震の起こる直前まで「大地震は切迫している」と主張していた地震学者が、いとも簡単に「想定外」を言い出したので驚きました。

彼らは地震を研究しているなら、太平洋の周辺を取り巻く環太平洋地震帯でM9クラスの地震が発生しているのは知っていただろうと推測していました。M9クラス地震の発生を知っていれば、一〇〇〇年に一度とは言われても、いずれは日本列島周辺でも起こると考えるのが自然ではないかと思ったのです。
二〇世紀後半以後だけでも次の五回のM9クラスの地震が起きていました。

カムチャッカ地震　一九五二　M8・2、Mw9・0
アリューシャン地震　一九五七　M8・1、Mw9・1
チリ地震　一九六〇　M8・5、Mw9・5　チリ地震津波
アラスカ地震　一九六四　M8・4、Mw9・2
スマトラ地震　二〇〇四　M8・8、Mw9・0　インド洋津波

これだけの事実があるのですから、日本列島付近だけは、M9クラスの地震が起きないという理由はないのです。十分に想定されていました。ちなみに私は超巨大地震がいずれ起こるだろうが、私は経験したくないから、なるべく遅く発生して欲しいと願っていました。しかし、起きてしまいました。「ついに起きたか」が私のその時の実感でした。当時すでに研究の第一線から退いていた私でも、その程度に理解していたのですから、現役でテレビにたびたび出演しているような学者からの「想定外」の発言は、まさに想定外でした。
「想定外」を使いだしたのは学者ばかりではありません。学者の受け売りで「大地震切迫説」を発信していた、防災の専門家、自治体の関係者など、一様に「想定外の地震だった」というの

です。「想定外」は言い訳の際の一種の流行語になりました。「想定外だったので準備不足だった」と言い訳できる雰囲気でした。

その後、気象庁では想定外を言わないために、何かの発表の際には、必ず最悪の事象も付け加え、網をかけるようになりました。予想外の出来事が起こり批判されないためです。しかしこのやり方は「最悪の事態の情報は提供しました。あとは自己責任で考えてください」という情報提供と思えて仕方がありません。

この地震後、神奈川県は史実にもない鎌倉大仏の仏殿が流された津波、つまり波高一五メートル弱の津波に対処できるようにとの対策が示されました。同じような趣旨の対応はあちこちの自治体で出されていました。

私はこの風潮を「M9シンドローム」と呼び揶揄しています。全く無責任なやり方だと思います。気象庁ではその後、後述するように二〇一四年九月二七日の御嶽山の噴火で六三人の死者・行方不明者をだしたことにより、M9シンドロームは一層強くなったようです。それについては次章で詳述します。

いずれにしても東北地方太平洋沖地震が突然発生し、予知はもちろん予測も出来なかったことに、ショックを受け、自分のやっている学問の未熟さに自責の念に駆られた地震学者はかなりいたようです。その反面、自分の方法なら予知できたと、後追いで自己宣伝をする研究者もいました。後追いの話は大地震が起これば必ず出てきます。私はいつも取るに足らない話と聞き流すことにしています。

地震予知の外野席にいた私は、この地震が予知できないのは当たり前だと考えていましたので、地震学者たちが、なぜそんなに落ち込むのか理解できませんでした。むしろ一種のパフォーマンスでなければよいとさえ考えました。

なぜなら、観測データの極めて少ない地域だからです。東北大学を中心に陸側には十分すぎるほどの観測網が設けられてはいましたが、海岸から震源までの海洋域のデータはわずかです。ましてや、反対側、震源の東側の海洋域の情報はほとんどなかったと思います。そんな状況で予知などできるはずもありません。たとえばこの地震が一八九一年の「濃尾地震」のように内陸で起きたら、あれだけ観測網を充実させても予知できなかったのかと、私も愕然としたでしょう。しかし予知の基本となるデータがないのだから予知できないのは当たり前だったのです。

しかし、二〇一七年、少なくとも南海トラフ沿いに起こる大地震は事前に予知し、警戒宣言を発するとした大地震特別措置法は方向転換し、地震予知は実際には極めて困難であることを世の中に示されたのです。

3・11　気象庁を狂わせた熊本地震

二〇一六年四月に発生した熊本地震もまた、気象庁の発表を分かりにくくさせた地震です。その詳細はすでに他著（『あしたの地震学』二二五頁参照）で詳述してあるので、できるだけ簡潔に記します。

四月一四日、二一時二六分、熊本県益城町で震度7を記録したM6・2の地震が発生しました。その二八時間後の一六日一時二五分、北西に七キロ離れた地点を震源としてM7・0の地震が発生、益城町と西原村で震度7が記録されました。

震源の深さが一一キロと一二キロと浅かったとはいえ、二日間で同じ場所で震度7を記録した例は、初めてでした。本来なら最初の地震が本震、二回目が余震です。そして通常、余震は本震よりはマグニチュードが1程度以上は小さいのに、逆にM7・0の大地震でした。

この結果、以後気象庁は余震という言葉を使わず、「最初の揺れと同程度の揺れが起こる可能性がある」と説明するようになったのです。ただし、二番目の地震が発生した直後には、最初の地震を前震、二番目を本震、そのほかの地震を余震と呼んでいました。その余震の中には北東へ五〇キロ離れた大分県北部地域や北東へ一五キロ離れた南阿蘇村に集中して起こっている地震群も余震に含めていました。第二の誤りは、この二つの地震群は独立した二つの群発地震であるのに余震としたことです。

余震とは本震を起こした断層面やその周辺で、壊れずに残っていた部分が破壊されて発生すると考えられています。ですから本震より大きな地震が起こる可能性はないと考えてよいのです。

また本震の震源域周辺で起こるので、一五キロ離れた、あるいは五〇キロ離れた地点でだけ固まって発生することもないのです。五〇キロも離れた地域で発生している地震群を余震とするなら、その付近まで全体に余震域が広がらなければならないのです。

大分県北部の群発地震の地域は別府―万年山《ハネヤマ》断層帯で、小さな活断層が集中しており、群発地震が発生しても不思議ではない地域です。また南阿蘇村の群発地震は阿蘇火山体内で起きており、群発地震が起きてもおかしくない地域なのです。この二つの事実をどう解釈したか分かりませんが、とにかく気象庁は最初の地震の余震として発表していました。確かに、群発地震の発生は最初の地震の揺れで地下の歪みのバランスが崩れ発生した可能性はあります。テレビで解説していた地震学者の一人は「地下のタガが外れた」と表現していました。最初の地震に誘発された可能性はあっても、この二つの群発地震を、余震と断定する根拠はありません。関係者の知識不足です。

最大の問題は二番目の地震をなぜ予測できなかったかです。最初の地震の震源域に隣接して長さ二〇キロの布田川断層帯、その南側には長さ四〇キロの日奈久断層帯が並んでいて、その布田川断層帯に沿って二つの地震が起きていたのです。最初の地震が起きた時、なぜ活断層が隣接して存在していることに気が付かなかったのか不思議です。実は私は地震が発生した地域は別府―島原地溝帯の中であり、地震が起きやすい地域であることは知っていましたが、二〇キロの活断層が存在していることは知りませんでした。もちろん自分自身の不勉強を恥じますが、地震が発生し、その活動を予測しなければならない人達がその事実に気が付かなかったのは、やはり不勉強と言わざるを得ません。

気象庁はこの二つの地震に対し「平成二八年（二〇一六年）熊本地震」と命名したと報じられましたが、私は「平成二八年（二〇一六年）別府―島原地溝帯内地震活動」とするのが、発生した事象を正確に表現すると考えています。

気象庁はその後、地震が発生するたびに「同じ程度の大きさの地震が起こる可能性がある」と言い続けていますが、その後に起こった地震は、私が知る限り、すべて本震―余震型で本震と同じような揺れが起きた例はありません。ただ3・8で述べたように過去に双発型地震が発生した地域では、このような発表も必要です。気象庁は二〇一六年当時も現在も、まだM9シンドロームから脱却できないようです。

地震学は地震現象をすべて解明しているわけではありません。まだまだ未知のことはたくさんあるわけです。学問の限界はあるのですから、分からないことは「分からない」とはっきり説明したほうが、聞くほうはかえって全体像を把握できると思うのですが、気象庁の発表はその後も、不明瞭な解説が多いです。

3・12　避難行動

地震への備えの一つとして、避難所の話が出ます。防災の専門家からは、特に避難所の話が多く発信されます。地震に限らず自然災害が発生すると、自治体は避難所開設を検討し、実際に開設しますし、しなければならない状態になります。しかし、同じ自然災害でも、地震災害は他の災害とは事情を異にします。ほかの災害では、災害発生が予測できますので、災害発生前に避難所が開設されます。しかし、地震災害での避難所開設は、地震発生後です。災害発生を確認してから、避難所が開設されます。この点が、他の災害の場合とは大きく異なります。

また大地震になると避難する人の数も多くなります。対応する自治体も、日常の業務の中で、管轄する地域の地震環境を調べ、避難を希望しそうな人数を調べておく必要があるでしょう。

私は一九六四年の新潟地震の時、初めて避難所を見ました。そこで見聞したのは、食事問題でした。避難者は数十人程度でしたが、避難所での炊事はできず、どこかで炊き出しをして届けていたようです。ところが六月の梅雨期だったので、せっかく作った握り飯が、被災者に届く前に腐敗するということが起こっていました。ボランティアの人々によって炊き出しはできても、それを避難所に届けるシステムができていなかったのでしょう。

県も市も、地震災害は初めての経験で、あちこちに点在する避難所を運営・管理する経験も、ノウハウもなかったようです。現在と異なり、コンビニもなく、気軽に弁当を注文できるシステムもなかった時代です。

一九九五年の阪神・淡路大震災の時、多くの人々が避難していた市役所のホールを訪れた時の印象は強烈でした。地震発生から二週間が過ぎていましたが、家族ごと、仲間同士のグループごとに、自分たちで仕切りを作りそれぞれの領域を確保するシステムだったようです。入口近くに、数人の家族の一家が広々とした空間を確保していました。犬もつれてきており、父親を中心に、一家は楽しそうに笑うこともあり、厳しい状況でも頑張っているなと感じました。

その隣に、狭い空間に一人ぽつんと高齢の女性が座っていました。明るく過ごす隣の家族との差が、あまりに大きかったので記憶に残っています。そして、避難生活は高齢者にとっては厳しすぎると感じ、自分の生涯では、災害で自治体が用意する避難所での生活はしなくて済むように、日ごろから考えるようになりました。

その後、どの地震の時だったか、避難所へのペット同伴が話題になっていました。避難所開設に際してはペット問題をどうするか、孤独に陥りやすい一人暮らしの高齢者の避難生活をどう支えるかは、自治体が発災前から検討すべき課題です。

地震災害の場合の避難所生活は、住んでいた家や場所が無くなってしまったことがほとんどでしょうから、どうしても長期化するでしょう。仮に次の住居として仮設住宅には入れるにしても、一〜二カ月は必要でしょう。最悪の場合、避難生活をしなければならないような居住環境の場合には、避難生活についても、なるべく持参する物として金銭や貯金通帳以外に、最低限用意する品物を考えることもたまにはしておいたほうが良いでしょう。日頃のそのような準備や訓練が、いざというときには、パニックにならずに、冷静な対応ができるのです。

東日本大震災では新たな現象が発生しました。震源から四〇〇〜五〇〇キロ離れた東京の高層ビルが大きく揺れ、家具類の移動や転倒、落下などの被害が出ました。長周期地震動と呼ばれるこの現象は、地震には強いと考えられていた高層ビルにも弱点があることを露呈しました（『あしたの地震学』一六七頁参照）。建物自体は揺れても壊れることはないと考えられてはいますが、天井や棚からの落下物、家具の移動転倒などで、怪我をしないように日ごろから対策と注意が必要です。

地震に対しての居住環境は、震度7の揺れにも耐え、被災後も住み続けることが可能な程度に、強度を維持しておくことが望ましいです。家具の転倒防止などは簡単にできることです。いろいろと過去の事例を詳しくみてきましたが、自分の住んでいる地域のことを知り、日常生活の中で地震環境に配慮することによって、予知することが難しい地震への防災は一定程度可能だと考えます。

一口メモ　原子力発電所は建設しない

放射能の振る舞いは「神の思し召し次第」人間はどうしようもできない。そんなものに手を出してはいけない。手を出したらどうなるか。その結果は東日本大震災で発生した福島原子力発電所の事故で、その周辺住民が事故後一〇年以上も避難生活を続けなければならなくなったことで答えは出ている。

「放射能はアンダーコントロール（制御できている）」と外国で大見えを切った総理大臣が居たが、それならなぜ住民は事故から一〇年以上が経過しても故郷に戻れないのか。戻ろうとする地域の放射能汚染が続いているからである。つまり放射能を人間がコントロールできないのである。

廃炉になったウクライナのチョルノービリ原発を見れば分かるように、発電所はその役割を終えた後も長期にわたり廃炉のために維持管理する費用が掛かるのである。

化石燃料の枯渇を心配して原発が推奨され、その危険性が指摘されてきたら、近年は「クリーンエネルギー」が叫ばれた。そしてロシアのウクライナ侵攻後世界の石油や石炭のバランスが崩れると、「原発回帰」が声高に叫ばれはじめた。叫ぶ人の中には原発があるが故の経済的な還元を見込む人々もいるようだ。

原子力発電所を新設すれば、そこには新しい危険が潜在していることを認識すべきである。稼働期間を五〇年としても、それ以上の年月の廃炉期間が必要なことは語られないで、気楽に原発推進が話題になっている。人災の種をまくべきではない。

人間の自由にならない放射能、そんなものに手を出さないのが自然の摂理である。

原発建設の立地条件は活断層から離れた場所だという。この条件を考えると実際には日本列島では原発建設の可能な地域は皆無に近い。建設した後で「断層線から三〇〇メートル離れているから規定違反でない」というような議論が出ているが、断層を知らない人の机上での意見に過ぎない。

物理学者のドイツのメルケル前首相は早々に原発廃止を決定したが、これが原発建設に対しての学問的な答えであり、人災を防ぐ完全な回答であろう。

第4章　津波災害

4・1　津波を発生させる地震

　津波は地震に伴って発生する海水の大変動で、大災害をもたらすことも少なくありません。海洋域や海岸付近で地震が発生すると、直ちに津波が発生するかしないかが判断され、ほとんどの場合はその襲来前に情報が発せられます。しかし一九六〇年五月のチリ地震（Mw９・５）のように、地球の反対側で起こった地震によって発生し、突然日本列島が襲われたこともありました。ただ現在では太平洋に関してはハワイにある津波センターが、監視し、情報を発してくれます。二〇二二年にはトンガの火山爆発の気圧変動によって発生した津波が襲来し、軽微ながら被害が出たこともありました。しかし、ほとんどの津波は事前にその襲来が予測され、気象庁からの情報が、時々刻々テレビやラジオを通じて流されますから、その情報に従って避難行動もすることになるでしょう。ただ、海底での地震発生の報に接したら、とりあえず決めてある安全な場所に逃げる、そして大津波でなければ「よかった」とそれまでの生活に戻る、逃げたことを無駄な行為とは考えないよう、日ごろから津波対策を考えておく必要があります。太平洋沿岸に住む人にとって、津波は一生に何回か、たとえ大きな被害は伴わなくても必ず経験する現象です。

海底の浅いところで大地震が発生すると、その断層運動に伴って海底が広い範囲にわたって隆起したり、沈降したりする地殻変動を引き起こします。地殻変動が起きる範囲は水深に比べ広域なので、海底の急激な上下変動に対応して、その変動に応じた海水面変動が発生します。この海水面変動が水の重力波として拡散し、広い範囲に伝搬して津波の発生となります。

海底での初期の食い違いはたった一メートルくらいですが、断層の長さは一〇～一〇〇キロ、東日本大震災では五〇〇キロもあり、波高が数メートルから一〇メートルを超す大きな津波になります。その周期は数分から数十分とゆったりとしているため、沖合にいる船は津波を感じることはほとんどありません。実際私の友人が一九六〇年のチリ地震の時、ヨットでチリ沖を航海していましたが、終日何も感じず、ペルーからのラジオ放送で、巨大地震の発生を知ったそうです。

津波の伝搬速度は周期に関係なく、水深だけで決まります。水深四〇〇〇メートルでは時速七一三キロ（毎秒一九三メートル）、水深二〇〇メートルでは時速一五九キロ（毎秒四四メートル）ですから、大洋を伝搬する津波はジェット機の速さになります。先のチリ地震の場合は海路一万七〇〇〇キロ余りを二二時間で横断し日本に到達しています。

海底の地殻変動は当然地震の断層運動と連動しています。地殻変動の領域が広ければ、震央からの距離で計算した結果より早く津波が到達します。したがって日本列島沿岸に近い地震の場合には注意が必要です。

津波の伝搬速度は浅いところほど遅くなるので、その分、津波の波高は高くなります。また津波が広い湾口から、狭い湾奥に押し寄せた場合には、広い湾口付近のエネルギーがそのまま湾奥に伝わりますから、波高は高くなります。リアス式海岸の湾奥で津波の被害が大きいのはこのためです。また湾に固有の振動周期と津波の周期が一致するような場合には、共振して津波の波高はより高くなります。

津波は伝搬中にその性質から反射、屈折、回折などを起こしますので、海岸での津波の高さは海岸地形や海底地形の影響を受けます。このようないろいろな増幅効果がありますので、最終的に海岸に到達する津波の高さは、波源の高さの数倍から数十倍になります。

東日本大震災の時は、釜石湾沖に設置されていた潮位計の値が六・七メートルの津波だったので、気象庁が津波の高さは一〇メートルを越えないと発表したそうです。一〇メートルの津波なら釜石湾や宮古市田老の防潮堤で十分防げると考えた住民たちがいて、避難せず、その後高い津波の襲来で犠牲になった人は少なくなかったと言われています。

日本列島に沿っては北の千島海溝から日本海溝、伊豆—小笠原海溝、相模トラフ、駿河トラフ、南海トラフ、南西諸島海溝に沿って大地震や巨大地震が発生しており、発生した地震によって励起された津波の襲来は免れることはできません。津波が襲来した時、いかに生き延びるかが問題です。

相模トラフで発生する関東地震の場合は、相模湾沿岸への津波の襲来は地震発生直後と考えてもよさそうです。幸いなことに、波高が余り高くならないうちに海岸に到達しますので、相模湾沿岸では数メートル程度の津波で済んでいます。大正関東地震の場合には、より震源に近い熱海市で遡上した津波の高さが一二メートルとの報告があります。

あまり話題になりませんが、南西諸島海溝沿いでも大地震は発生し、津波の被害も起きています。一七七一年「明和の八重山津波」を起こした地震（M7・4）もその一つです。震害はなかったようですが、八重山列島、宮古列島が津波に襲われ、溺死者一万二〇〇〇人、家屋の流失二千余棟の大きな被害が出ています。南西諸島海溝に関しては7・2でもう一度述べます。

太平洋岸では海溝沿いやトラフ沿いに並ぶ巨大地震のほか、より海岸に近い海域でM7クラスの大地震もしばしば起こり、小規模の津波が発生することがあります。

震源が陸地に近い地震では近地津波が日本海側で発生する割合が高いです。

積丹半島沖地震では、すでに述べたように震害はほとんどなく、三メートルの津波が利尻島に、二メートルの津波が天塩・羽幌へ到達し、さらに金沢や京都の宮津などでも一メートルを記録しています。　新潟地震では震源は粟島と本州の間にありましたが、津波の被害を受けたのは本州側で、岩船では、数隻の漁船が川沿いに、内陸まで運ばれる被害が出ています。

すでに書いたように、日本海中部地震では、震源は陸からおよそ七〇キロ離れていましたが、震源域が広かったため、男鹿半島に振幅は小さいながら津波の第一波が到着したのは発震後八分だったと見積もられています。すでに述べたように男鹿海岸に遠足に来た小学生が、海岸で弁当を開き始めた時に津波に襲われて一四人が犠牲になりました（『あしたの地震学』一五六頁参照）。

北海道南西沖地震では、震源が奥尻島からおよそ八〇キロ離れていましたが、奥尻島も震源域に入り、地震発生から五分後には、津波の第一波が到着、被害が発生しています。津波でも大きな被害が出ました。

4・2　繰り返される三陸沖津波

「三陸沖で大地震が起きたら、三陸海岸には大津波が押し寄せる」は格言だと理解していました。ところが、その格言が破られる事態が、東日本大震災で生じたのです。すでに一部は記しましたが、この地震に対する気象庁の最初の発表は、津波の高さは一〇メートル以下と報じたようで、この発表を信じて逃げないでいた人が犠牲になったとの報道がありました。気象庁の理屈は釜石沖に設置してある潮位計では六・七メートルだったから、大津波にならないと、担当者が判断したらしいというものでした。

私はこの点に、ディジタル社会の弊害を見ました。速報的に発生した地震の震源地は三陸沖とはすぐ判断できたでしょう。東京での震度や地震波形だけからも、大地震の発生は理解できたはずです。それなら、なぜ格言に従い「三陸海岸に大津波が襲来する恐れあり」を出さなかったのでしょうか。担当者はディジタル社会のマニュアルに従って行動したのでしょう。全く自分で考えることはしなかったのではないかと思います。また日本の行政機構は個人的な意見は許されないのかもしれません。

逆にマニュアルに従うなら、なぜ事前に、沖の潮位計よりはるかに波高の高い津波が三陸海岸を襲うメカニズムを教育していなかったのかが不思議です。このようにディジタルデータに頼るのは、自然科学では現象を見逃す恐れがあり、極めて危険です。つまり数値だけを見て、その中にある自然現象、地球の息吹を見たり感じたりしないのです。

気象庁がこの時の失敗の教訓をどのように生かしたかは、私は知る機会がありません。

三陸沖地震で歴史に残るのは八六九年の貞観地震です。一〇〇〇年一度の地震と言われていて、その次の一〇〇〇年に一度は、二〇一一年三月の東北地方太平洋沖地震でした。一一四二年ぶりの地震となります。三陸沖地震の特徴は大きな地震でも、震害はほとんどなく、津波による被害が大きなことです。その結果、三陸地方では「地震が起きたら津波が来るからとにかく高いところに逃げろ」が、地元に伝わる格言で、二一世紀になっても、その格言は立派に通用しています。

記録に残る大津波としては一八九六年の「(明治)三陸沖地震」(M8・2)があげられます。震害はなく、津波が北海道から宮城県牡鹿半島に至る海岸に襲来しました。死者二万一九五九人は、東日本大震災を上回り、日本の津波災害史上一、二を争う数です。岩手県綾里では津波は三八・二メートルにまで達しています。すでに記しましたが、この時の津波はハワイやアメリカ西海岸まで到達しています。

一九三三年の「(昭和)三陸沖地震」(M8・1)は、一九二五年、東京帝国大学に地震研究所が設置されて初めての大津波発生で、精力的な現地調査が行われ、一冊の報告書にまとめられています。この地震も震害は少なかったのですが、津波は太平洋岸を襲い、三陸沿岸では被害甚大でした。死者・行方不明者三〇六四人、綾里での津波は二八・七メートルにまで達しています。

一八九六年の明治三陸沖地震では北海道南岸から東北地方にかけて震度は1〜3程度でした。日本では地震計の記録がなく、この地震のマグニチュードを決めることはできませんでしたが、ヨーロッパでの地震記録が見つかり、M7・2程度と推定されました。マグニチュードが小さな割には、津波の被害は甚大でした。津波を起こした海底の地殻変動の推定から、この地震のマグニチュードはM8・2と決められました。そして発生した津波の被害者数だけを比較してみても一九三三年の昭和三陸沖地震の七倍になります。昭和三陸沖津波地震では、太平洋沿岸の震度は4〜5で、明治三陸沖地震よりはるかに強い揺れだったのですが死者・行方不明者ははるかに少なかったのです。

地震動は大きいのに、津波の被害が桁違いに少ないのは、明治三陸沖津波が「ヌルヌル地震(サイレントアースクエイク)」と呼ばれる、断層がゆっくりと壊れていき、大きな地震波が発生しなかったのに対し、海底の食い違いは大きく大津波の発生になったと考えられます。

なおこのような、ヌルヌル地震で、震害が少なくて大きな津波地震の例としては、一九四六年の南海地震があります。第二次世界大戦直後の物資の無い時代に、東京から四国に出向き、臨時観測をした東京大学地震研究所教授の萩原尊禮の手記を示します。

「物のない時代でしたが、地震観測をしておいてよかったと思うのは、このような大地震にもかかわらず、大地震に応じた地殻変動はあったのですが、四国の南の海域では余震は全く起こっていないことがわかったことです。つまり本震が今でいうヌルヌル地震（サイレントアースクエイク）だったのです。苦しくてもつらくてもやっておくと役に立つものだと痛感しています」と記述されています（『地震予知と災害』丸善、一九九七）。

多くの場合、「海岸で地震を感じたら津波に備えてすぐ逃げろ」が鉄則です。ところがヌルヌル地震の場合には、初動の揺れが感じられないほど小さな場合が多く、津波に突然襲われることになります。磯遊びや磯や海岸での海釣りの最中に突然津波に襲われることになりますので注意が必要です。津波は前触れの地震が感じられないで襲来することがあることを心の隅で覚えておいてください。

宮古市田老（現在）には「田老の長城」と呼ばれた、高さ一〇メートル、総延長二キロを超す防潮堤が、一九三三年の津波後、建造されていました。しかし、地元住民には、防潮堤の陸側から、つまり自宅などから海が見えなくなった、景色が悪くなったと評判はよくありませんでした。しかし、一九六〇年に六メートルのチリ地震津波が襲来した時、防潮堤は完全に機能し、他の地域では大きな被害が出たのに、田老では無事でした。

この事実を学んだ釜石市は、チリ地震津波後、地元の人の話では、「三〇年の歳月と三〇億円の費用」を投じて、水深五〇メートルの釜石湾に高さ一〇メートルの防潮堤を建設しました。しかし、一度もその機能を発揮する機会はなく、二〇一一年の東日本大震災ですべて破壊されました。同じように田老の防潮堤も破壊されました。

東日本大震災で効果を発揮したのは、「津波が来たらなるべく早く高台に逃げろ」の教訓を伝え続けていた、岩手県田野畑村の対策です。地震後、多くの村民が高台に避難して無事でした。その死者数は、ほかの自治体の全人口に対する死者数の割合の一〇分の一程度と極めて少なかったのです。津波ではハードの対策も必要でしょうが、「高台に逃げる」というソフトの対策がより有効であることを示しています。

被災後一〇年が経過した二〇二一年一〇月、私は八戸から久慈へ行き、三陸鉄道で気仙沼まで旅をして、その後の三陸海岸の様子をつぶさに見てきました。海岸に高い堤防が作られた場所もありました。それぞれ事情がありますから、部外者が勝手な想像での批評は控えますが、やはり津波対策はソフトに力を入れるべきという感を強くしました。

三陸海岸には今後も大津波は必ず襲来するのです。歴史は繰り返すのでしょうか。

4・3　火山噴火による津波

二〇二二年のトンガの火山噴火のような気圧の変動ではなく、噴火により大量の噴出物が海に流れ込んだり、海底に地殻変動が起こり津波が発生することもあります。インドネシアのスンダ海峡にあったクラカタウ島は一八八三年の大爆発で島全体が消滅し、海底カルデラが形成され大きな津波が発生しています。一連の活動の死者は三万六〇〇〇人と報告されています。現在のクラカタウ島は一九三〇年に出現しましたが、二〇一八年一二月二二日の噴火で発生した山体の一部の崩壊により津波が発生しました。津波による死者は四二九人以上と報告されています。

日本の火山噴火で、最大の津波被害をもたらしたのは一七九二年の雲仙岳の噴火でした。当時雲仙岳は温泉岳と呼ばれていましたが、中央部に東に開いた妙見カルデラがありその中に、妙見岳、普賢岳、平成新山などの溶岩ドーム群、さらにその東側に眉山（古くは前山）ドームが並び、有明海へと続きます。

一七九二年二月一〇日、普賢岳で鳴動がはじまり、山頂付近の地獄跡火口から噴火が発生し、溶岩の流出もはじまりました。この時の溶岩流は幅二二〇〜三〇〇メートル、長さ七キロに及び、「新焼溶岩」と呼ばれています。二月二一日一八時ごろ、二回の強い地震とともに、眉山の南東山頂から山麓まで、大崩壊を起こし、岩屑なだれとなって有明海になだれ込みました。そのため、津波が発生したのです。噴火に関連した山体崩壊ですが、直接噴火で崩壊したのではありません。

山麓の島原の海岸は二キロ四方の広さが土石に埋まり陸地となり、沖合には大小の小島が出現し、現在「九十九島」と呼ばれています。この山体崩壊による島原側では村落すべてが埋没し、死者はおよそ一万人、牛馬もおよそ五〇〇頭が犠牲になりました。

発生した津波は有明海を伝わり対岸の肥後（熊本）や天草を襲い、およそ五〇〇〇人の死者が出ました。山体崩壊とその津波による死者は合計でおよそ一万五〇〇〇人という大災害になったのです。火山噴火は文字通り対岸の火事であった肥後の国でも、津波の襲来で大被害が発生したことから「島原大変肥後迷惑」などとも言われています。

一六四〇年七月三一日、北海道駒ケ岳で大噴火が発生、山頂の一部が崩壊して岩屑なだれとなって東側と南側の斜面を流れ下りました。東側の流れは内浦湾に津波を発生させ、沿岸住民約七〇〇人が犠牲になりました。南側への流れは山麓に現在の大沼の美しい景観を創出しました。

一七四一年八月、北海道の渡島大島の噴火が原因と推定される津波が発生し、大島西岸、津軽、佐渡などに被害が発生しています。噴火は一三日からはじまり、一八日の深夜に津波が発生しています。津波の発生時には地震が起きたのではないかとも考えられています。北海道では死者は一千数百人、津軽で三七人、能登、佐渡、若狭にも津波は到達しています。

このように火山活動に伴って発生した山体崩壊により、土砂が海に流れ込み津波を起こし被害が発生することもあります。このような災害の発生を予測することは、極めて難しいです。それぞれの地域で過去にどのような津波が起きたかを精査しておくことが重要です。日本列島では海岸に面している火山は限定されていますので、ただ恐れる必要はありません。現実を熟視して日ごろから判断しておくのが重要です。

4・4　遠方の地震による津波

日本に襲来する津波は、日本列島周辺で発生した地震だけによるものではありません。日本から見て、地球の反対側で発生した地震により起こった津波も日本に襲来することがあるのです。一九六〇年の日本では「チリ地震津波」と呼ばれる地震もその一つです。

「チリ地震」（Mw9・5）は一九六〇年五月二三日（現地時間では二二日）にチリ沖で発生し、マグニチュードが9・5と決められた最初の地震、史上最大の地震です。二四日の午前二時ごろから、日本列島各地へ津波がひたひたと押し寄せてきました。チリでの最大波高は二五メートル、三陸沿岸では五～六メートル、最大八メートル、そのほかの地域では三～四メートルでした。北海道南岸、三陸や志摩半島のリアス式海岸で被害は大きく、沖縄での三人を含め死者・行方不明者は一四二名、家屋の全壊一五〇〇余棟、半壊二〇〇〇余棟の大災害となりました。

その約一〇時間前、ハワイ島ヒロが津波に襲われていました。ヒロ湾も東に開かれたV字型の湾で、湾奥の市街地では記録された最大波高一〇・五メートルの津波が襲来し六一人の死者が出たのです。現在は海岸に続く、津波の被災地は公園となり、カメハメハ大王の像が立っていますが建物は建設されていません。

ハワイでの津波襲来のニュースは、事前になぜ日本に届かなかったのでしょうか。一説には、ハワイでの津波被害が発生したことを知らせる英文電報は、気象庁の地震課長の机の上にあったとの報道もありました。いずれにしても日本では深夜のことですから、対岸の火事に注意する職員はいなかったのでしょう。

古い記録としては一六八七年一〇月二二日、ペルー沖の地震による津波が三陸（陸前）に襲来、塩釜で潮位が一・五～一・六尺（五〇センチ程度）上昇し、琉球にも津波があったという記録があります。

一七〇〇年一月二七日、北アメリカ・オレゴン―ワシントン州沖の巨大地震による津波が三陸から紀伊半島に襲来、それぞれの地で軽微な被害がありました。

一八三七年一一月九日、チリ沖の巨大地震による津波が三陸に襲来し、大船渡付近で被害が出ています。

一八七七年五月一〇日、チリのイキケ沖で発生した巨大地震の津波が襲来しました。現地では波高二三メートル、ハワイでは四・九メートル、釜石では三メートルを記録しています。函館でも被害があり、房総では死者も出ています。

一九五二年一一月五日、カムチャッカ半島沖で発生した超巨大地震による津波は太平洋沿岸各地を襲いました。最大波高は現地では一八メートル、ハワイで一〇・四メートル、日本では一～

三メートルでしたが、広範囲で浸水があり、三陸沿岸では漁業関係に被害が出ました。

このように津波に関しては、日本列島からはるか遠方で起こった地震でも遠地津波が襲来することがあります。津波に関する知識の一つとして覚えておいてください。ただし現在の日本では、事前にこの種の津波情報は発せられますから、その警報情報に従えば自分や家族を守ることが十分にできます。

外国の例ですが、二〇〇四年一二月二六日七時五八分（日本時間では九時五八分）、インドネシア西部、スマトラ島北西沖のインド洋で「スマトラ島沖地震」（M9・1）が発生しました。発生した大津波はインド洋に面した各国の沿岸を襲い、死者二三万人、甚大な物的被害が発生しました。この津波を契機にインド洋でも「インド洋津波警報システム」が構築され、次節で述べる太平洋と同じように、各国に津波情報が通報されるようになりました。

海底火山の噴火により発生した津波が、日本列島沿岸に襲来するというそれまでに未経験の津波が発生しました。すでにふれましたが二〇二二年一月一五日、日本時間の一三時ごろ、日本から南々東に八〇〇〇キロ離れた南太平洋トンガ王国の火山島で大規模な火山噴火が発生しました。その後、この噴火は海底火山の噴火らしい、現地では津波が発生し首都のヌクアロファでは車が浮いていることが確認されたとの報道が断片的になされました。爆発音は二三〇〇キロ離れたニュージーランドでも聞こえた、五〇〇キロ離れたフィジーでは雷鳴のように聞こえたなどの報道から、大噴火であることは間違いないことは理解できました。しかし、気象衛星ひまわりの写真で見た潮位変化、火山灰の拡散などから、気象庁は日本への津波の襲来は心配ないと、一五日の夕方には発表していました。

ところが一五日二〇時ごろ小笠原諸島父島で九〇センチの潮位変化を観測、伊豆諸島八丈島でも八〇センチの潮位変化を記録、気象庁が異常な潮位変化に気付き、トンガの海底火山噴火の気圧変化により発生した異常潮位、おそらく津波が発生していると注意報を発しました。注意報は岩手県と鹿児島県奄美諸島とトカラ列島に発せられましたが、一六日三時前には、津波警報に引き上げられ、そのほかの日本列島太平洋沿岸各地に津波注意報が発せられました。

一五日二三時五〇分ごろには奄美で一四〇センチ、岩手県久慈で一六日二時ごろ一一〇センチの潮位を記録、気象庁は津波の襲来は確実と判断したようです。その後、一六日の六時ごろまでの間に太平洋沿岸では北海道から沖縄まで四〇センチから九〇センチの津波の到達が確認されました。九州西海岸の長崎県でも六時ごろに三〇センチの津波を記録しました。八県二二万人に避難指示が出されました。

午前七時には奄美に対する津波警報は津波注意報になりましたが、各地の満潮時刻が午前八時ごろまでになるので、各地に潮位上昇についての注意がなされました。

トンガでは日本時間一四日にも大規模な噴火が発生していたようです。ニュージーランド航空路火山灰情報センターでは噴煙は一万五〇〇〇メートルに達したと報じられ、トンガから北西七〇〇キロのフィジー・スパの海岸に一五日に押し寄せる津波の映像が日本のテレビで放映され海岸で被害が発生していることが分かりました。

太平洋津波警報センターからは各地の津波の高さとして、トンガ八〇センチ、バヌアツ一四〇センチ、フランス領ニューカレドニア一四〇センチ、チリ一〇〇センチ超などの報告がありました。

噴火地点では津波発生は確認されていないようでしたが、津波が襲来しました。爆発の衝撃による気圧変化から津波が発生したのではないかとの気象庁の発表がありました。いずれも極めて珍しい、私は初めて聞く、津波に関する気象庁の発表でした。

日本列島の被害としては太平洋沿岸の港で係留されていた数十隻の船に転覆や沈没の被害が出たようです。夜中の避難指示だったためか、多くの人が車で高台を目指し、渋滞でほとんど進まない、追突事故が起きたなどと報じられました。大津波の襲来はなく大事には至りませんでしたが、すでに述べたように、津波の際の自動車での避難には注意が必要です。日頃から地域全体の課題として検討すべき事項でしょう。

危機管理上当然と考えているのかもしれませんが、この程度の津波でNHKはBSを含め全五チャンネルが、早朝から午前一〇時を過ぎても、津波情報を発し続けていました。JRはかなりの路線で運転見合わせ、航空会社もかなりの便数がキャンセルと報じられています。日本列島内で最高の潮位を観測したのが、ほぼ午前〇時、それから一〇時間が経過しているのですから、「予想される津波の高さ三メートル」と報じられても、大津波の実感はありません。典型的なM

9シンドロームです。これもまた検討が必要な課題です。

ただトンガの火山噴火で、地元では噴火に伴い一五メートル程度の津波は発生していて、六五キロ離れた首都ヌクアロファをはじめ人の住む三〇以上の島々を襲ったようです。日本へは爆発に伴う衝撃波による急激に発生した気圧変化で励起された潮位変化が津波として到達したと考えられているようです。火山学的にこの噴火が完全に解明されるには時間がかかりそうですが、海底噴火に関する新しい事象が現れたことは確かなようです。

このような場合、気象庁でも未経験の事象であり、手探りで情報発信することがありそうです。安全管理上必要以上の注意が呼び掛けられるかもしれませんが、私は気象庁の発表に従おうと考えています。

4・5　津波対策

一九四六年四月一日、アリューシャン列島で発生した地震による津波は、現地での最大波高は三〇メートル、ハワイでは一六・八メートルで、一七三人が犠牲になるという大きな被害を受けたことを契機に、太平洋沿岸諸国の国際協力で「太平洋津波警報組織」が作られました。一九七六年には、「太平洋津波警報センター」がハワイ・ホノルルのパールハーバーに設置され、太平洋で発生する地震を常時監視し、各国に津波発生の可能性を知らせています。一九六〇年のチリ地震津波の時も、その組織から日本への知らせはあったのです。

このように太平洋で大地震が起これば、津波発生の有無が沿岸各国に通報されるシステムになっていますから、情報さえ得られれば、適切な対応がとれるでしょう。では国内の地震に関してはどのようになっているでしょうか。

気象庁は一九五二年に津波予報業務をはじめました。気象観測の通信網を利用し、地震が発生すれば素早く初動の到達時間と振幅を読み取り、地震の大きさと震源を推定し、震央が海上で大きな地震ならとりあえず津波情報を発するという簡単なシステムからはじまったのです。もちろん地震観測も業務の一環として実施はされていましたが、発生した地震の震源が海か陸かの判別が最大の目的でした。

その後、地震観測及び計測技術の進歩、さらに日本では一九六五年から地震予知研究計画がはじまり、気象庁の地震観測網は充実し、現在では地震が発生すれば二〜三分で自動的に震源決定がなされ、津波の有無が報じられるようになりました。

気象庁は日本列島の海岸線を北海道から沖縄県までを六六区分し、それぞれの区分域にどの程度の津波が予想されるかを、地震発生から三分を目標に発表するようになりました。

東北地方太平洋沖地震のように、地震観測点に地震波の初動が到達しても、まだ震源での断層活動は続いている、つまり地震は終わっていない場合がありますから、新しい情報を入れていくと、震源の位置や地震の大きさは次々に代わってきます。M8程度に発表されたマグニチュードは結局M9・0（Mw9・1）にまで修正されていったのです。

マグニチュードが正確に求められると、それまで出されていた津波警報は更新され、より正確な情報が発せられます。東北地方太平洋沖地震で津波は一〇メートルに満たないと発表し、その後修正されていったのがその典型です。

津波警報、津波注意報は次の三種が出されます。

大津波警報　予想される津波の高さが高いところで三メートルを超える場合
津波警報　予想される津波の高さが一メートルを超え三メートル以下の場合
津波注意報　予想される津波の高さが〇・二メートル以上、一メートル以下の場合であって津波による災害の恐れがある場合

この三種の発表に加え、さらに「一〇メートル超の津波」というような数値が加わります。このような情報が発せられるときは、津波の高さだけでなく、到達予想時刻、満潮時刻や津波が観測された情報などが加わります。

これだけの情報を地震発生から数分で発表する気象庁のシステムは世界に誇れるシステムです。ただすでに述べてあるように、震源域に含まれる海岸では、予想より早く津波が到達することもあるのです。遠方の地震ならともかく、海岸近くにいて地震を感じたら、まず逃げることを考え

るのが、自分の命を守ることにつながることを肝に銘じておいて欲しいです。

地震と異なり、津波の襲来はある程度予想できます。津波発生の情報を得たら普段から決めてある避難場所に行く準備をはじめるのです。日ごろから用意してある防災グッズの入った袋を背負うぐらいの備えをして欲しいです。そうすることが自分や家族の命を救うことに直結します。このような対策の継続には忍耐が必要です。時代とともに背負わなければならない防災グッズの内容も変わるでしょう。いくら用意しておいてもそれが生涯の中で役立つことがないかもしれません。そうなれば「自分は運がよかった」と考えられる心の余裕を持って生活して欲しいのです。

防災グッズは世の中にかなり普及しているようで、多くの品が販売されています。基本的には地震でも、火山でも、津波でも、火災の避難でもその内容はあまり変わりません。自分で考えるのはめんどくさい、何を用意してよいか分からないという人は、とりあえず市販品を購入することを勧めます。そして、その内容を調べ、自分に必要なもの、不要なもの、家族にとって必要な物を入れ替えていったらどうでしょうか。赤ちゃんを連れての避難の時は特に配慮が必要です。

防災グッヅの内容は時間の経過によっても変わるので、グッズを用意していた時は幼児だった子供が、いつの間にか成長し一人前のグッズが必要というようなこともあるでしょう。グッズに完全なものはありません。一年に一度、九月一日の防災の日にでも、家族で防災グッズを点検するようになればベストです。それによって家族全員の防災意識が向上します。私が知る限り、防災グッズを用意した家庭の多くが、線香花火的に、大地震の後などに用意はしても、時間がたてばその所在すら忘れています。いざというときには役立たなくなっています。津波対策だけでなく一家の防災意識を維持するためにも、家族での「防災グッズ点検日」を設けたらどうでしょうか。

海岸にいて津波を感じたらどうするか、逃げるにも近くに高い場所がないことが多いでしょう。神奈川県鎌倉市は関東地震が発生するたびに、現在のＪＲ鎌倉駅あたりまで津波が到達していいます。湘南海岸沿岸に並ぶ都市の中で、鎌倉と小田原が過去に津波の被害を受けています。鎌倉の西部、極楽寺坂周辺から藤沢の江の島付近までは、海岸は急崖になっており、江の島から国府津附近までの海岸線には標高八メートルを超える浜堤が形成されており、その上に国道が建設され自然堤防が築かれています。小田原の背後には足柄平野が広がり、鎌倉とともに海岸から平地が続いているのです。

鎌倉大仏の大仏殿が明応年間の津波で流されたので、神奈川県では最大一五メートル程度の津波の襲来を予想しているようです。しかし、大仏殿は津波で流されていません。湘南海岸を襲う最悪の津波は関東地震で発生する最大でも一〇メートル以下の津波です。南海トラフ沿いの地震でも大津波が襲うとの広報はありますが、過去にそのような例は起きていません。したがって浜堤に守られていない鎌倉や小田原は津波の被害を受けることはあっても、そのほかの地域はその可能性は極めて低いのです。湘南海岸の高台は八メートル程度ですが、海辺で地震を感じても、一〇〇メートルほど歩けば到達できます。しかし近年は海岸に津波避難タワーが建設されています。一〇メートル程度の津波には対応できます。

津波が河川沿いに押し寄せる可能性はあります。このような場合には河川の堤防を越えて溢流する可能性がありますが、津波としての力はなく、家屋が破壊されるような心配はないと考えます。

土地勘のない海辺で地震を感じたらどうすればよいのでしょうか。海辺の自治体は高いビルを津波避難ビルに指定してありますから、とりあえずそこに逃げ込んで命を守ることになります。ただ私の街では津波避難ビルに指定されていても、その表示がないので、どこに逃げればよいのか、困る人が多いと思います。私の住む集合住宅も津波避難ビルに指定されていますが、住民がその事実をどの程度理解しているのか、津波の襲来が予想されたとき実際に避難する人が入ってこられるのか、避難者のトイレはどうするのか、など一度も説明も話し合いも行われていません。現状ではいざというとき有効に機能するとは思えません。たぶん日本各地の津波避難ビルも同じようなところが多いのではないかと思います。「仏作って魂入れず」の典型例だと思います。

ある専門家が自分は知らない海辺の町に行ったら、スマートフォンでその土地の地図を見て、高いところを調べ、いざというときに備えると言っていました。地図の縮尺を考えた場合、うまく高台が見つかるのか疑問ですが、その人は得意げにそのように話していました。もちろん知らない土地ですから地図の活用も一つの方法でしょうが、周囲を見回し高いと思う方向に逃げたほうが効率的でしょう。

そうは言っても、津波に襲われるのは、三陸海岸の地域を見ても大津波は、例えば一八九六年（明治三陸津波）、一九三三年（昭和三陸津波）、一九六〇年（チリ地震津波）、二〇一一年（東日本大震災）と数十年に一度です。襲来頻度の高い三陸海岸でもこの程度ですから、他の海岸ではもっと少ないのです。その少なさに対し、対策をどの程度にするか、兼ね合いが人によって異なるでしょう。万が一に備え、無駄になってもよいからと何年たっても同じように、万全を期す人、日常は気楽に過ごしたいので、津波が来たら逃げるだけを覚悟して過ごす人など様々な対応が考えられます。

それぞれの生き方ですから、実状だけを十分に理解して過ごすことができれば、それで十分と思います。ただ津波では絶対に命を失わないように、とにかく生き延びるという執念だけは持っていて欲しいです。その執念こそが最良の対策になるでしょう。

一口メモ 「条件付き出港」は自然無視

二〇二二年四月二三日に発生した北海道知床岬の観光船沈没事故は、観光船を運航する会社はもちろんだが、運営の許認可権を有する行政側にもいい加減さが目立つ悲劇であった。明らかな人災である。事故後に列挙されるいろいろな不具合は、対応するそれぞれの法律や条例に、適合している、適合していないは別にして、良識ある人々にとっては理解に苦しむ事項が並んでいた。

そんな中で、最も理解できなかったのは、事故を起こした観光船の出港は「条件付き」でこれは正常な判断だという。「正常な判断」と語る責任者の口から出る言葉は、とても正常な判断ができる知識や経験、人間的教養が見られない、判断以前の問題が垣間見られたが、それはさておき、本当にこんな条件で営業を続けていたとしたら、事故も起こるべくして起こったのである。

観光船の最長コースはウトロ港から知床半島西海岸に沿って、先端の知床岬往復の三時間のコースという。港近くの観光だけならともかく、三時間のコースで、出港後一時間経過した時に、波浪が規定の高さを超えてきたので、観光を中止して引き返すというのが条件らしい。

疑問点は「観光中止を決断して帰港するまでの一時間の航海は、安全が保障されるか」である。波浪が規定の高さを超えたのは海況条件が悪化してきたからである。そんな海況下で帰港までの一時間の航海が安全だと考えての「条件付き」であろうが、それは自然を知らない人たちの妄想である。

私の南極での経験であるが、天気快晴、無風の日曜日、海氷上に居たら、サラサラと氷の上を雪が流れ出した。少し風が出てきたと感じ、五〇〇メートルほど離れた基地に戻ろうと歩き出した。異変を感じた一〇分後には一〇メートル以上の強風となり、視界が悪化、一時間後にはブリザードになった。このような変化は南極では、日常たびたび起こる。南極ばかりではない。日本周辺の海上でも、山岳地帯でも起こる珍しい出来事ではない。普通に起こる自然現象である。

このように天候や海況には急速に悪化する「急変」はつきものであり、それが自然なのだ。その点を無視しての「条件付き出港」は自然を全く無視した暴挙とも呼べる事項でしかない。

自然現象の海況の急変は一〇分、一五分でも起きるのである。とても乗客の安全を考えた出港とは思えない。それを許可していたとすれば、許可した側の責任も同罪である。

第5章　火山災害

5・1　噴火現象

自然災害の中でも、火山噴火に関連するすべての災害を火山災害とします。火山災害はその原因や種類が多種多様です。地球内部だけの現象から、空中に噴出した物質が大気圏や対流圏を浮遊して災害を発生させることもあります。

火山噴火は地下深部から上昇してきた高温物質であるマグマにより熱せられた地下の岩盤などの物質が、急激に地表に放出される現象です。放出された瞬間に高圧から解放された物質は地表から空中へと急速に拡散していきます。その物質にはマグマ、溶岩、水蒸気を主体とする火山ガス、マグマが固結した火山弾、火山礫、軽石、火山灰、火山体を構成する岩盤が砕けた岩屑などがあります。

地表面付近の岩盤という蓋を、内部の強い圧力で突き破って急激に噴出する状態が火山爆発です。高圧の地球内部に閉じ込められていた物質が、地表に噴出した結果爆発し減圧したのです。浅間山で測定された火山弾の噴出する速度は秒速一〇〇〜三〇〇メートル程度でした。火山ガスの噴出速度は火山弾の噴出する速度より早く、衝撃波として身体に感じます。二〇二二年一月の太平洋トンガでの火山爆発の衝撃波は日本への到達はもちろん、地球全体に伝わったようです。

地下のマグマには不揮発性成分と揮発性成分が含まれています。地表に噴出したマグマは溶岩と呼ばれます。溶岩が冷えると不揮発成分が固化し岩石になります。大量の溶岩が噴出すると、広い範囲に広がり溶岩原や饅頭型の溶岩ドームが形成されます。マグマが直接関与した噴火をマグマ噴火と総称します。

マグマの揮発性成分は火山ガスです。その成分は九五パーセントが水蒸気、残りには硫化水素や二酸化炭素などが微量に含まれます。マグマが直接関与しないで、地表からしみ込んだり岩盤内部の水分が高温に暖められ水蒸気となって、地面を突き破って噴火することがあります。このような噴火を水蒸気爆発と呼びます。

高温物質のマグマは浮力や圧力によって岩盤の隙間を通って上昇します。この時その上昇通路の岩盤内で火山性地震と呼ばれる地震が発生します。上昇したマグマは火山体直下に集まりマグマ溜まりが形成されます。マグマ溜まりへのマグマの上昇が続くと、質量や圧力が増大して、噴火口へ通ずる火道を通って上昇をはじめます。この過程で火山性地震が発生することが多いようです。その上昇が続き、火道をふさいでいた岩盤を破壊し、岩石を噴き飛ばし爆発が起こります。

火山噴火の発生です。

火口底に達したマグマは障害物がないとサラサラと火口内に流れ込み、充満していきます。溶岩湖の出現です。マグマの流れ込みが続くと、固結することなく溶融状態のまま存在し続け、ときには火口壁を超えて流れ出すこともあります。日本では伊豆大島が溶岩湖の出現する火山として知られています。噴火口を形成する斜面には、過去に流れ出した溶岩が、筋状に何本も見られます。

写真6　南極・エレバス火山（3784m）。手前に広がるのはロス棚氷。

南極のエレバス火山は溶岩湖が数年間という長い年月存在し続けます。その表面を観察していると、湖面の二カ所に地下からのマグマの上昇口があることが分かりました。マグマが上昇してきているのに、湖面の高さは変わりません。地下のマグマ溜まりと溶岩湖との間に、マグマが循環するシステムができているようです。

溶岩湖の表面は黒っぽく固結しているように見えますが、数条の赤い筋が見えることもあります。表面は黒く見えても、その下には深紅のマグマが潜在しているのです。表面が黒く見える溶岩湖でも、夜間、暗くなれば赤く見え、火口周辺や上空の雲にも反射して、火口周辺がボーッと明るく見えます。火映現象と呼びますが、伊豆大島では御神火と呼ばれています。

気象庁は現在一一一の山を活火山として、今後も噴火する可能性があるので防災上、監視が必要な山としています。国際的に検討された活火山の定義は、「おおむね一万年以内に噴火した火山及び現在活発な噴気活動のある火山」です。

箱根山は人類がその噴火を確認していませんが、大涌谷という大きな地熱地帯があり活火山として監視が続いています。逆に鳥取県の大山は美しい山体から伯耆富士と呼ばれていますが、最後の噴火が二万年前と推定され、活火山のリストから除かれました。

一一一座の活火山のうち一一火山は北方領土にあり、一二の海底火山も日本列島から離れており、噴火はしても直接の被害はなさそうなので、気象庁は日本列島内で噴火に注意すべき火山をそれらを除いた八八座としています。そのうち渡島大島、西之島、硫黄鳥島は無人ですから、実際噴火で住民が直接被災するような火山は八五座と考え、監視を続けています。

しかし、過去には渡島大島の噴火で発生した山体崩壊で津波が起きて対岸に被害が発生した例があります。また二〇二一年には海底火山の福徳岡の場の噴火で、流れ出した大量の軽石が、沖縄県の海岸に流れ着き、漁業などに被害が出るという、新しい型の火山災害が発生しています。

西之島の最近の活動では、噴火で新島が出現し、溶岩流が旧島まで流れて面積が一〇倍ぐらいに拡大しています。太平洋の中で日本の領土が拡大している場所として、注目されています。数百年あるいは一〇〇〇年後ぐらいには人の住める島になるかもしれません。

5・2　複雑な火山災害

火山噴火の様式は様々です。火山噴火がはじまったとき、まず確かめるのは単なる爆発か、溶岩が噴出しているかです。単なる爆発とは水蒸気爆発のことです。つまり爆発で岩屑や灰を降らせる程度で済むのかどうかが第一の注意点です。水蒸気爆発であれば火山噴火としては規模が小さく、災害もほとんど起こりません。ただし、水蒸気爆発でもその爆発力が大きいと、一八八八年の磐梯山の噴火のように、山の姿が変わるほどの山体崩壊が発生し、近隣の村落を埋没させました。現在の裏磐梯の美しい景観はその時の山体崩壊によって創出されました（『あしたの火山学』青土社、二〇二一、七〇頁参照）。

ガスの噴出だけでも、人間に被害をもたらすことになりますので、注意が必要です。毒性のない二酸化炭素でも、大量に吸い込むと窒息死の危険があります。二酸化硫黄、塩化水素などを含むガスは有毒で、微量でも中毒死することがあるので注意が必要です。

溶岩が噴出した場合には、その溶岩の粘性により、噴火の形が大きく変わり、それに応じて災害の形も変わってきます。粘性が高いと溶岩は流れにくく、火口周辺に溶岩ドームを形成します。一九四三年から一九四五年の有珠山の噴火で出現した昭和新山の生成がその例です。粘性が低いと、溶岩は溶岩流となって流れ下り広い範囲に影響を及ぼします。溶岩が流れた地域では道路や建造物はすべて破壊されます。ただし、溶岩流の流れる速さは一日に数百メートル程度で、普通は人間が巻き込まれる心配はありません。

火砕流の噴出はさらに広い範囲に被害をもたらします。火砕流はテフラ、大小の火砕物などが火山ガスと一緒に高温の混相流となって山体を流れ下る現象です。流れる速度も時速一〇〇キロにも及び速く、火口から数キロ以上も離れた地域に数分で到達し、すべてを破壊し尽くします。人間が逃げることも出来ません。なおテフラとはマグマが火口から噴出した際に、様々な大きさに砕かれますが、そのマグマ片の総称のことです。テフラも火砕物、火山砕屑物と呼ばれますが、爆発によって山体が破壊されて生じた大小の破砕された岩塊、礫、砂、灰なども含みます。水蒸気爆発では一般には火山砕屑物の中にマグマ起源の物質が含まれるかどうかで、マグマが関与した噴火か否かを判断します。マグマの関与した噴火は、放出される熱エネルギーも大きく、規模の大きな噴火になることが多いです。

爆発で上空に放出された火砕物は、降下し堆積します。耕作物、森林に大きな被害をもたらすほか、大量の体積は集落をも埋め尽くします。火山灰も同じような被害ですが、より上空まで達しているので、風により遠方まで運ばれ、より広い範囲に堆積し、影響します。航空機の飛行にも影響しますから、空港閉鎖も発生します。

一万メートルもの上空に噴き上げられた火山灰はエアロゾルとなって長い間空中を浮遊します。太陽光線をさえぎり、地球上に冷害を発生させます。

大きな爆発では爆風により人間にも被害が生じますし、建築物が被害を受けることもあります。

音波の伝搬で空振が発生し、窓ガラスの破損が発生したりもします。

山体崩壊が起こりますと、岩屑流、土石流、泥流などが発生し、山腹はもちろん山麓でも大きな被害が発生します。河川に流れ込んだ土砂は堆積し、川を堰き止め一時的にダムとなり湖水が出現します。そのダムが決壊すれば洪水となって流れ下り、二次的な災害が発生します。前章ですでに述べたように津波が発生することもあります。

地下のマグマが地表に現れないで移動すると、地表面には地形の変化として、また地下では付随して火山性地震が発生することがあります。一九一〇（明治四三）年の有珠山の噴火で出現した明治新山（四十三山《ヨソミヤマ》）はその典型例の一つです。上昇してきたマグマによって地表面は最大一五五メートル隆起したようですが、その後三〇メートルほど沈降し、洞爺湖の湖畔から一二〇メートル高い山となりました。

積雪期の火山で噴火が発生すると、雪が融かされ泥流となって流れ下り、山麓の集落に被害が発生します。富士山の噴火では融雪による泥流が心配されています。日本には例がありませんが、氷河の下で火山噴火が発生しますと、氷河が融かされ、火山噴出物と融氷水とが混じりあって泥流となり、山麓に流れ下ります。そこに集落があれば大被害が発生します。

このように火山災害は、どんな噴火が発生するか、発生した噴火の様式で、多種多様な災害が発生します。火山体の周辺の住人は、その火山の噴火様式を理解しておくことが重要です。同じ火山でも、その時々で噴火形態が違います。それぞれの噴火の特徴の理解も大切です。火山が噴火したからと、すべての噴火を恐れる必要はなく、また安心することもなく、気象庁の発表を聞いて冷静に対処して欲しいです。

5・3　火山体周辺の災害

火山が噴火するかどうか、火山噴火予知も地震予知と同じように、学問的には確立していません。学問的とは天気予報の説明に使われる天気図に相当するような図は火山噴火に関してはできていないということです。地下の情報が少ないので、地下のマグマ分布、歪みの蓄積、温度分布などは全く分かりません。北海道の有珠山、九州の雲仙岳や阿蘇山、桜島では気象庁の観測所とは別に、大学が独自の観測網を構築して噴火活動を含む、それぞれの火山を研究しています。そのような火山では、学問的には確立していなくても、研究者たちはそれぞれの火山の性質を理解し、なんとなく噴火が起こるだろうとか、間違いなく噴火が発生するという程度の判断はできるようになってきています。

その一つの例が前にも述べた二〇〇〇年三月の有珠山の噴火です。三月二七日から有珠山の地下で地震が起こりはじめ、次第にその数を増していきました。地元自治体は北海道大学有珠火山観測所の教官の助言を得て、二九日に地元住民九五〇〇名のために避難所を開設し、避難を指示しました。避難指示をした地域の全住民の避難が完了した後、三一日の一三時〇七分ごろ西側山麓から噴火がはじまりました。火山噴火史上初めて噴火前に避難指示が出され、全住民が避難したのです（『あしたの火山学』九六頁参照）。

大学の観測所がある有珠山だからこのような良い結果につながったと思いますが、一般には、まだ噴火を予測することはあっても、自信を持って避難指示が出せることは少ないでしょう。その現状を考慮して気象庁は住民の生命や財産を守ることを目的に、それぞれの火山体周辺の防災対策を考慮しながら「噴火警戒レベル」を設け、自治体がそれに対応した対策をとるようにしています。噴火警戒レベルは日本列島内八五座の活火山の中で、約五〇の活火山に設定されている監視体制（地震計など設置してある）のある火山に設定されるようです。「ようです」とあいまいな表現になるのは、このシステムの運用は、まだ未完成の部分が多いからで、過去にも噴火がはじまってから噴火レベルを引き上げたことがありました。

活火山周辺に住む住民にとっては、自分自身でその火山の特徴を理解しておくことが、自分を守ることにつながります。

その第一は、噴火が発生する場所です。山頂の噴火口からの噴火か、山腹、あるいは山麓からの噴火かを確かめることです。自分の住む地域が山頂を含む反対側からの噴火なら、それほど恐れることもないのです。

噴火した場合は、過去の噴火から予想される爆発の様式を知っておくことも大切です。噴煙が数千メートルまで上昇するような噴火か、一〇〇〇メートル程度の噴火かで、噴出物の量も異なってきます。大きな噴火なら、多量の灰ばかりでなく火山弾や火山礫の降下も考えられます。現在はそのような例は聞かれなくなりましたが、明治時代までの霧島山の噴火では、茅ぶき屋根に高温の噴出物が落下して、火災が発生した例がたびたび報告されていました。

溶岩の流出も大問題ですが、流れる速さは一日に一キロには届かない遅さですから、命を失うことは避けられるでしょう。恐ろしいのは火砕流の発生です。火口から一〇キロ、二〇キロ離れていても、発生すれば瞬時に襲来します。一七八三年の浅間山の「天明の大噴火」の際に発生した、鎌原火砕流は鎌原熱雲とも呼ばれ、北東七キロの群馬県吾妻郡鎌原村（当時）を襲いました。集落全体が熱泥流の下に埋没し、村民全人口五九七名のうち助かったのは、村の小高い丘にある観音堂まで逃げることのできた人たちでした。現在は一五段しかない観音堂への参道の石段は、発掘調査の結果五〇段ほどあったことが確認されました。その途中から二人の遺体が収容されました。逃げる途中で命を落としたのです。

この鎌原熱雲は北側を流れる吾妻川に流れ込み、川を堰き止めました。この堰止湖はすぐに決壊し、下流に向かって大洪水が発生し、噴火による災害は全く受けなかった沿岸各地の村落は大被害を受けました。二次的な火山災害の発生です（『あしたの火山学』一九八頁参照）。

大噴火ではなくても、噴火が起これば噴石が飛びます。火山体周辺に住む人々も注意は必要ですが、登山でも、仕事でも山体に入ればその直撃を受け、命を落とすことも少なくないので一層の注意が必要です。小さい規模の噴火では、このような人的被害が多いのです。噴火警戒レベルが設定されている火山では、入山に際して、参考にしながら行動することが肝要です。

噴石の直撃を受けて死亡したという例は、数多くあります。特に近年の登山ブームです。二〇一四年の御嶽山の例を出すまでもなく、火山への登山は火山活動への注意が必要です。

二〇〇〇年の有珠山の噴火は洞爺湖温泉のすぐ近くで起こりました。一部の火山研究者は人間が火山に入りすぎていると批判していました。しかし洞爺湖温泉は一九一〇年、明治新山が生まれた時の活動で湧出した温泉です。それを人間が利用しはじめたのです。火山の中に生まれた温泉ですから、火山体の一部と言ってもよい場所です。そこでの人間活動はどうするべきかは、活動する人一人一人が考えるべき問題ではあるでしょうが、研究者と言えども批判すべき事柄ではないだろうと考えています。住民一人一人の自己責任で、火山活動に注意を払いながら、火山の恵みを享受するのがベストでしょう。

空振による被害は、思わぬ時に起こります。窓に衝撃が走りガラスが割れるようなことは、日常では起こりにくいことです。気が付いたら近くの火山が噴火したというように、噴火は空振を経験した後に気が付くことが多いようです。

5・4　広域な火山災害

火山噴火による災害は、山体周辺だけでなく、思わぬ遠方でも発生します。前節で紹介した噴出物により河川が堰き止められ、湖水が出現し、その堰き止めた自然堤防が崩壊しての洪水の発生はその典型例です。山体崩壊により発生する津波も同じで、火山体から離れた地域でも津波の被害を受けるのです。

この洪水や津波の発生よりもさらに大規模な影響は、火山噴出物のエアロゾルにより太陽光線がさえぎられ発生する地球規模の気温の低下です。インドネシアのタンボラ火山は一八一五年四月一〇～一二日に史上最大の噴火を起こしました。噴出物の総量は一五〇～二〇〇立方キロと見積もられ、火山災害も甚大でした。死者の総計は九万二〇〇〇人とされ、そのうち一万二〇〇〇人は爆風、噴石などの直撃により、残りは餓死とされています。噴火後、地球上では最大一・七℃の気温低下で、地球規模で凶作が起こりました。通信網が未発達の時代でしたので、ヨーロッパでも冷害でしたが、その原因がタンボラ火山の噴火と分かるまでには時間がかかりました。

一八八三年八月二六日のクラカタウ火山の噴火でも同じように、噴火後約一年の間に、北半球の平均気温が〇・二～〇・三℃さがり、三～四年かけて元に戻る傾向が確認されています。

近年では一九九一年のフィリピン・ピナツボ火山の噴火では〇・五℃の気温低下が起こり、一九九三年に日本でも冷害が発生したとされています。

気温の変化には多くの気象学的要因も含まれ、他の要因での冷害の例が多いのですが、火山に原因のある冷害が発生していることも確かなようです。全地球的な大規模な火山災害なのです。

噴火の繰り返しで、火山噴出物が堆積した地層が形成されています。南九州に広く堆積しているシラスと呼ばれる地層は、現在の鹿児島湾を形成している姶良カルデラや阿多カルデラからの火山灰や軽石の層で、シラス台地と呼ばれるような台地も形成されています。このような火山噴出物の地層はサラサラしていて、保水力がなくよく崩れます。南九州では雨季になるとシラス台地の土砂崩れで被害が発生します。

現在の噴火とは直接関係のない、過去の火山活動によって形成された一つの火山環境です。火山災害の中にはこのように、二次的、三次的な災害が含まれることを理解してください。まさに「災害は忘れたころにやってくる」よりもタイムスケールの長い話です。

二〇一八年九月六日に発生した「北海道胆振東部地震」（M6・7、Mw6・7）では、厚真町で最大震度7を記録する地震でした。死者四三人、住家全壊四六九棟と、日本で起こるM6クラスの地震としては大きな被害が出ました。地滑りの被害が大きく、火力発電所の稼働停止で全道が停電するという、話題の多い地震でした。

厚真町などでは地滑りのあった斜面の下に農家が並んでいて、軒並み被害を受けました。現地調査をした大学の研究者たちは、地滑りは軟弱な火山堆積物の層が崩れたと、いつもの通りの後追いの解説をしていました。この後追いの解説に疑問を持ちました。そんなに危険ならなぜ事前に行政にでも報告し、対策を取らなかったのか、少しでもそんな地層が存在するなら地滑りの危険がある地域だと、行政はなぜ広報しなかったのか気になりました。自分の管理する区域内には活火山が存在していなくても、地震環境と同様、火山活動によって形成された地形地質など、火山環境に起因する災害の危険を、各自治体は把握しておいて欲しいです。火山活動による二次的、三次的災害の防止には、火山が存在する、しない、にかかわらず日本列島全体の視野で見る必要があるのです。

源平合戦の舞台であった香川県の屋島は第三紀（六五〇〇万年～二五八万年前）という地質時代に形成された火山です。もちろん、活火山ではありませんが、周辺には火山噴出物の地層が存在しています。だから危険という意味ではありません。日本列島では至る所で火山の影響があるのですから、せめて地方の自治体はその火山環境も理解し、住民にも必要な情報は伝えて欲しいと願っています。

5・5　火山ガス

火山ガスの被害は、噴火に直接関係し、爆発に伴って噴出する場合もあるし、窪地などに滞留している場合もあります。ですから火山災害としては噴火に直接関係した一次災害と滞留のような二次災害がありますが、どちらにしても、ガスを吸えば命を落とすことになるので注意が必要です。

ガスによる一次的火山災害としてよく知られている現象は、一九八六年八月二一日に発生したアフリカ・カメルーンのニオス湖周辺で発生しました。ニオス湖は長径およそ二キロ、短径およそ一キロの火口湖です。災害が起きたと推定される日の夜二一時三〇分ごろ、ニオス湖の方向から爆発音が聞こえ、大量の死者が発見された後、ガスの発生と対比されました。

ニオス湖から続く二本の谷筋に住む住民一七〇〇人と家畜三〇〇〇頭の死亡が確認されたのは翌日でした。谷の上部では人間も家畜も全て死亡、それより下の部分では死亡者と生存者が混在していました。生存者の話では死は突然襲ってきたようです。

多くの人の死亡が確認され、それではと前夜の爆発音との結びつきが検討されたのです。ガスは二酸化炭素で、いわゆる有毒ガスではありませんでした。その原因も明らかではありません。小さな噴火が湖底で発生したとの説もあるようですが、はっきりしません。湖水から発した二酸化炭素が原因になっていることだけは確かのようです。

日本の火山でのガスによる事故は有毒ガスの場合が多いようです。八甲田山は青森県中央に位置し、南北一六キロ、東西一五キロの地域に、一八の成層火山や溶岩ドームが並んでいて、一五〜一七世紀ごろには水蒸気爆発が発生しています。現在も噴気孔はあります。周辺では火山ガスが多く死者も出ています。最近では一九九七年、草原の窪地に滞留していたガスにより、訓練中の自衛隊員三名が亡くなりました。

福島県の安達太良山は、最後にマグマが噴出したのは二四〇〇年前の活動でした。安達太良山の山頂には溶岩ドームが、その西側には直径二キロ、深さ一五〇メートルの沼の平火口がありま す。一九〇〇年には沼の平火口に直径三〇〇メートルの噴火口が出現した爆発があり、近くの硫黄採掘所で働いていた七二名が死亡しています。一九九七年には沼の平南西部で四人の登山者が、硫化水素ガスを吸って死亡しています。

群馬県の草津白根山は小規模な爆発を時々繰り返す山です。噴火は小規模ですが、死者も出ており、火山ガスによる死者も出ています。

二〇〇〇年に発生した三宅島の噴火活動は、それまでの活動とは違った様相を呈しました。六月二五日の夕刻から島の直下で、地震が発生しはじめ、地殻変動の観測にも異常が出はじめました。その後島の西側を中心に地震が群発し、その最大地震はM６・５でした。このような火山性地震の群発でM６以上の大きな地震が発生するのは珍しいことです。

七月四日からは山頂直下で地震が群発をはじめ、八日には山頂から繰り返し爆発が起こり出しました。八月一八日には大規模な噴火が発生し、噴煙は一万四〇〇〇メートルにまで達しました。二九日には低温の火砕流が発生し海岸に達し、堆積していた火山灰は雨により泥流となって流れ下りました。この間に山頂には直径一・六キロ、深さ五〇〇メートルの火口が出現し、内側カルデラが形成されました。九月には爆発的噴火はほぼ終了しましたが、山頂からは大量の火山ガスの噴出がはじまりました。火山ガスの成分は二酸化硫黄（亜硫酸ガス）で有毒です。火山ガスの噴出は一〇月頃で一日二〜五万トン、火山活動の低下とともに減少していき、二〇〇三年には一日一万トン以下になりました。

九月一日、三宅島は全島民を島の外に避難させることを決定し、二〜四日に全島民三八五五人、一九二七世帯が本土に避難しました。全島民の避難生活は、火山ガスの恐れのなくなった二〇〇五年二月まで続きました。火山噴火で一日に数万トンという大量のガスが放出され続けたのは日本の火山噴火史上はもちろん、世界的にも噴火史上初めての例と考えられています。火山災害に問題提起をした噴火活動でした。

5・6　富士山の噴火に伴う情報

二一世紀に入り活火山・富士山がときどき話題になるようになりました。その第一は二〇〇〇年に入りしばらくしたころ、富士山は最後の噴火から三〇〇年が経過した。次の噴火に備えろと言う趣旨の発言でした。

富士山の最後の大噴火は一七〇七年一二月一六日にはじまった「宝永の大噴火」です。噴火は東斜面の六合目付近（標高二六〇〇〜二六五〇メートル付近）から起こりました。江戸では午前一〇時ごろから「空響き」と表現されるように、空振を感じ、地震は感じなかったのに戸障子は大きく揺れたのです。同じ時刻頃「青黒き山のごとき噴煙を南西に見ゆ」と噴煙の上昇が認められています。南西は江戸から見た富士山の方角です。午後一時ごろより鼠色の灰が降り始め、午後四時ごろには平日の日暮れのごとく暗黒となり、夕刻からは砂が降りだし、数ミリから一センチ程度積もったようです。

一七日、江戸では「北東は晴れ、西南では黒雲退かず」で、ときどきは地震、空振、雷光を見、雷鳴が聞こえ、降砂や降灰も続きました。このような活動は二週間続き、年末になって噴火活動は沈静化しました。

この噴火で宝永火口、その北東側に宝永山（二六九三メートル）が出現しました。扇をさかさまにしたと称えられた富士山の東斜面にはコブができたのです。

この宝永の噴火が富士山最後の噴火とされていますが、明治時代にまとめられた『日本噴火志』には一七〇八年二月二四日、「三河駿河相模武蔵砂を降らす」とあり、「富士山の噴火ならんか」とあります。東西両方で降灰があったというので、富士山の噴火だったのでしょう。この降灰を富士山の噴火と認めると、一七〇八年が記録に残る富士山の最後の噴火、表現を替えれば「最近の噴火」になるわけです。いずれにしても、三〇〇年以上が経過しています。

第二の話題は、コロナ禍のはじまった二〇二〇年四月一日、政府・中央防災会議の作業部会が、富士山に大規模噴火が発生した場合の首都圏における火山灰の影響と対策についての検討結果を発表したと、首都圏のマスコミは一斉に報じました。一〇センチ以上灰が積もると車の走行に支障が出る、ライフラインに大きな影響が出るなど、首都圏では都市機能のマヒと社会の混乱が懸念されると報じていました。

一般住民に対しても降灰の影響がいろいろ心配されていました。しかし、想定される諸被害を羅列しただけで、その対策はどうしたらよいか、いつからはじめたらよいのか、急ぐのかなどは示されていませんでした。緊急性も感じられませんでした。

関係者は年度末で結果が出たから発表したようですが、コロナ禍の緊急事態宣言の話題で日本中が混乱しているときに、なぜこんなニュースを流すのか、私は関係者の無責任さに呆れました。緊急性がないのだからコロナ禍が収束し落ち着いてから、その対策とともに示したほうが効果的だし、人々も正しく理解できただろうと思います。

第三は二〇二一年三月に山梨、静岡、神奈川三県などでつくる「富士山火山防災対策協議会」が一七年ぶりに「富士山噴火のハザードマップ」を改定したことです。前年の中央防災会議の結果を受けての改定です。改定のポイントは新しく得られた調査結果から、富士五湖を形成した八六四〜八六六年の貞観噴火の青木ヶ原溶岩流の調査から、樹海を形成した溶岩流の総量は一三億立方メートル（東京ドーム一〇五〇杯分）と推定し、同じような噴火が起これば、これまでの推定よりも大量の溶岩が噴出するとの結論を得たのです。

写真7　精進湖から見た富士山。富士山の観測網では2022年7月までに噴火に直結するような異常が検出されたことはない。

その結果、噴火場所によっては東名高速道路や東海道新幹線の一部が溶岩流に飲み込まれるという想定が出てきました。さらに溶岩流とは無縁と思われていた神奈川県にも溶岩流は到達する可能性があると想定しています。

噴火口の位置や噴火規模にもよりますが、溶岩流は日本経済の大動脈の東名、新東名高速道路まで最短二時間前後、東海道新幹線へは最短で五時間で到達する恐れがあるというのです。そして最も遠い神奈川県までは最大五七日ぐらいで到達すると想定しています。

以上三項が、二一世紀になって示された、富士山噴火に対する最新情報と呼べるものです。もちろん政府関係者も最後の噴火から三〇〇年が経過したからという意識、しかも日本の象徴富士山の噴火だからと、力を入れての発表だったでしょう。

ただこのような内容は新聞では「富士山溶岩流で「大動脈」分断?」（朝日新聞東京版、二〇二一年五月二三日）というように、かなりセンセーショナルに取り上げられています。

このように並べられますと、話を聞いた人々は、いかにも富士山が近いうちに噴火しそうに錯覚するのではないでしょうか。富士山周辺の観測網には、富士山の地下で、噴火の原因となるようなマグマの活動は認められていません。全く噴火の兆候がないのです。したがって、明日から兆候が表れるかもしれないし、五〇年後、一〇〇年後かもしれない、あるいはもっと先まで兆候は現れないかもしれないのです。

自分の生きているうちに富士山の噴火に遭遇するかどうかも分からないのですから、富士山の噴火で被害を受けると推測される地域の住民でも、どのくらいの人が、前記の諸情報にたいし被害を受けることを前提に、考えるかどうか分かりません。とりあえず自分は関係ないだろうと考えてしまうのではないでしょうか。

地震対策と異なり、火山噴火対策で個人的にできることは限られています。火口近くで噴出物の直撃を受けそうな範囲の住民は別として、ほとんどの人がすることは、降り積もった灰の処理でしょう。私はこの降灰の処理を、降り積もった雪の処理に重ねて想像しています。一〜二センチ程度の薄っすらと積もった程度でしたら、都会でも庭のある家でしたら何とか処理できるでしょう。でもコンクリートに固められた都会ではどうでしょうか。宝永の噴火では九〇キロ離れた神奈川県川崎市で五センチの降灰が記録されています。現在の川崎市の市街地はコンクリートに覆われた町です。掃き寄せられた灰の処理はどうなるのでしょう。ここからは行政の仕事です。市街地のあちこちにまとめられた火山灰をどこに捨てるか、日ごろから灰の捨て場所を決めておかないと混乱します。雪国では、除雪した雪を河原に運ぶようなことをしています。融ければ消えてしまう雪と異なり、いつまでたっても灰は灰のままです。行政と住民の間で話し合っておく課題です。

日ごろの街の様子を眺めていて、苦笑することがあります。自宅の前を掃き清めた人が、集めた砂やごみを下水に捨てるのです。金網の隙間から丁寧に掃きいれていますが、火山灰でこんなことをやったら、すぐ下水が詰まり、別の障害を起こすでしょう。

噴火が発生してもしなくても行政が検討できる課題の一つが、溶岩流対策です。ハザードマップを見ると、神奈川県に達するような溶岩流は、地形の関係でかなり流れの幅が狭くなる場所があります。机上でそのような場所を調べておき、その方向への溶岩流が発生したら放水して、溶岩を冷却し、溶岩の堤防を造り、流れの方向を変えたり、その場で流れを止めるのです。このようなことは、アイスランドではすでに行われています。

堤防が築かれた場所より上の地域では、あるいは溶岩原の広さが拡大するかもしれません。溶岩流が発生すれば、その地域の集落はすべて破壊され、再び同じような生活ができるような環境にすることは不可能です。堤防の上流域の溶岩が占める面積は拡大しても、そこにうまく溶岩ドームを造れれば、マクロに見れば、溶岩流の被害を小さく抑えられることになります。

東海道新幹線も溶岩流に襲われる可能性があると指摘されています。しかし、富士山の南側を走る新幹線は高架橋です。市街地ですが放水しやすい状況ではないかと推測します。この「溶岩冷却放水作戦」は机上での検討で、費用も掛かりません。五〇年先に噴火が発生したとしても使える対策です。

火砕流の対策は可能なのでしょうか。火砕流が発生し、山体を流れ下る領域は推定出来ていても、山麓の環境は変わっていくでしょう。現状に沿ったシミュレーションはできても五〇年はおろか、三〇年先の予測も、不可能な地域が多いでしょう。

示されたハザードマップに沿って、現状での対策は可能だとしても、その対策でよいのかどうかは、噴火が発生する時期が確定できないので答えは得られません。火山噴火への対策は、行政が対応しなければならないことがほとんどです。しかし、対策を検討する人たちの目線はどのくらい先まで見ているのでしょうか、見られるのでしょうか。五〇年先までは見られないでしょう。

日本の中央に位置し、象徴でもある富士山の噴火活動は、全国民が注視しているでしょう。観測網の整備も進み、噴火する可能性が出てきたら、何らかの兆候は観測網でとらえられるでしょう。しかし、富士山は浅間山や桜島、有珠山などと異なり、観測網が設置されて以来噴火はしていません。過去の例から噴火を予測することはできません。

富士山では噴火のデパートと呼ばれるくらい、いろいろな様式の噴火が起こっています。その一つ一つの噴火に対応する観測記録の特徴も分かっていません。ですから、他の火山での経験を踏まえ、富士山の観測網に記録された前兆的な異常現象が起きているからと言って、必ず噴火するとは限りません。また噴火が発生しても、それに伴ってどんな現象が起きるのか、その噴火がどのくらい続くのか、いつ頃終息するのかも分かりません。

ほかの火山なら間違いなく噴火するような現象が起きていても、富士山が噴火するとは限りません。噴火するにしても一〇〇年どころか、二〇〇年、三〇〇年先の可能性もあるのです。何も分からないのですから。

二五世紀ごろの火山学者が「二一世紀の初め、富士山が最後の噴火をしてから三〇〇年が経過したから次の噴火は近いと、いろいろな学者が書き残していましたが、結局二五世紀の今日まで富士山の噴火は起きていません」と記すようなことも無きにしもあらずと理解しておいてほしいです。

富士山の噴火活動の見通しは、残念ながらこの程度です。

5・7　火山防災マップ

前節で述べたようにハザードマップは、それぞれの火山について自治体と専門家が協力して、噴火により発生が予想される諸現象を一枚の図にまとめたものです。噴火によって想定される降灰域の分布、噴石の到達範囲、過去の溶岩流や火砕流の流れた範囲、土石流、火山泥流なども示されています。噴火に伴ってどんな現象が起こるかが解説されています。

そのハザードマップをもとに、災害に直結するような現象を予測し、住民の対応などが示されたものが「火山防災マップ」です。富士山に関しては先の災害対策山静神連絡会議が企画し発行しています。大判の一枚の紙の裏表に、いろいろな情報が満載されています。

『富士山火山マップを作製した目的』として四項目を示していますが、その第一項目と第二項目は次の通りです。

第一項目　「富士山は、今から約三〇〇年前に噴火した後、現在まで静かな状態が続いていいます。しかし、地下深くでは今もマグマが活動続けている火山です。

そのため万が一噴火しそうになったり噴火が始まったりした時に備えて、皆さんが自らの安全を確保するためにどのような知識を学び、どのような行動をすればよいかを知っていただくために、この防災マップを作成しました」

第二項目は赤字で「なお、富士山ですぐに噴火が起こるような兆候は、現時点（平成二一年一月）においてありません」

さらに第四項では次のように記してあります。

「富士山では過去さまざまな規模や種類の噴火が起きており、噴火の場所も山頂だけに限らず、山腹にも数多くの火口が分布しています。このような富士山の噴火の特徴をこのマップから学び、どのような現象がどこまでやってくるのかを十分理解した上で、的確な防災行動がとれるように心がけてください」

新聞報道などと比べれば、「三〇〇年経過した」をあおるようなことはなく、住民自ら「富士山の噴火活動の実態」を学んでほしい、あるいは暗黙の裡に、「自己責任を自覚してほしい」と言っているようです。

日本の火山の歴史では富士山以上に活発に活動している浅間山の火山防災マップは、やや趣を変えています。浅間山を囲む長野県小諸市や軽井沢町、群馬県嬬恋村などの六市町村が「浅間山火山防災マップ」を発行しています。その火山防災マップを有効活用するために、共同で、「浅間山火山防災マップ－早わかり－ガイドブック」が発行されています。その中で「火山防災マップの読み方のコツ」が述べられています。

噴火が発生した場合、その大きさと危険範囲の目安が示されています。強調していることは、小中規模噴火の発生頻度が高いこと、大規模噴火ではより広い範囲で被害が発生するので、それぞれ別々の図で表示しています。災害から身を守る注意も述べられています。

浅間山の南麓に位置する御代田町も、町で浅間山火山防災マップを発行しています。マップの監修はガイドブックと同じ「浅間山ハザードマップ検討委員会」です。内容は同じですが、地図も大きく、見やすく、理解しやすい編集になっています。そして町が出しているマップですから、火山の山麓に住んでいるための、日常から災害に備えての心構えや準備の必要なことが述べられています。

火山学の初歩から大規模噴火まで非常に要領よくまとめられ、このマップだけの知識でも、浅間山の火山活動はその歴史を含め、十分に理解できます。また気象庁発表の火山情報に関しても記述があります。

さらに、噴火が発生し避難しなければならない場合の心構え、普段からの準備、持ち出す品々のリストが丁寧に示されています。その中に「位牌」が含まれていましたが、明らかに過去の被災からの経験が反映された助言でしょう。火砕流、溶岩流が集落を襲うと仏壇もろとも家を失うことを示唆しています。

さらに避難施設の一覧が、施設名、所在地、電話番号とともに示され、五万分の一の大きさの地図上に、その所在値が表示されています。

浅間山火山防災マップと富士山火山防災マップを比較すると、大きな違いがあります。富士山では大規模噴火で想定される最悪事態の被害への対応が強調されています。浅間山火山防災マップでは、語り継がれている一七八三（天明三）年の、天明の大噴火のような大規模噴火は二〇〇〇年間に三回起きていると説明しています。天明の噴火が、噴火だけの災害ではなく、火山泥流により群馬県の吾妻川沿いに大きな被害が出たことも絵や地図で説明していいます。

さらに一一〇八（天仁元）年にも大噴火が起き、追分火砕流、舞台溶岩流などが噴出、群馬県前橋では火山灰は二〇センチ以上の厚さに積もりました。この時の噴出物の総量は天明の噴火の二倍以上と見積もられています。このような大規模噴火の発生は極めて珍しい出来事であり、遭遇する割合の低い現象であることが示されています。

浅間山火山防災マップは富士山のそれとは異なり、現在の人々がたびたび経験している小規模、中規模程度の噴火の危険性を啓蒙していると感じます。現在でも噴火がたびたび発生している浅間山と三〇〇年間噴火せず、現代人は火山とは分かっていても、富士山の噴火を経験していません。その違いが、防災マップの表現に現れています。

論理的には危機管理は常に最悪の事態を想定しなければならないでしょう。しかし、生まれてから四六億年の地球上で起こる、火山噴火も同じように考えて、万全な対策をとるべきでしょうか。この点を「一〇〇〇年問題」として、第7章で改めて考えます。

5・8　避難

地震と異なり、火山の場合の避難行動は噴火前、災害発生前からはじまります。二〇〇〇年の有珠山の噴火では、噴火する場所ははっきりしませんでしたから、周辺住民全員に避難勧告が出されました。噴火がはじまり、危険がない地域の人は噴火中でも帰宅ができたようですが、噴火地域の住民の帰宅はなかなか許可が出ませんでした。避難指示や避難勧告を発するのは自治体の首長です。出すのは容易ですが、避難解除の指示を出すのはなかなか困難な点があります。活発に活動した火山が一度沈静化しても、再び活動をはじめた例は多いのです。避難所生活は決して楽ではないでしょう。爆発噴火が継続していれば、帰宅を考える人は少ないでしょうが、活動が沈静化したら少しでも早く帰宅したいのが人情でしょう。しかし避難するときには長期になる覚悟も必要です。

一九八六年の伊豆大島の噴火では、全島民約一万人が全員島の外に避難し、避難生活は一カ月に及びました。二〇〇〇年の三宅島の噴火では、大量の火山ガスの噴出で、全島民を本土に避難させました。火山ガスが収束するまで、避難生活は四年半近くに及びました。

溶岩流の襲来が予想される地域では、迅速な対応が必要でしょう。とにかく家屋敷すべてを失うのです。この点は行政の日ごろからの決断が重要です。

火山防災マップには避難に際しての注意事項も並んでいる場合が多いようですので、日ごろからの行政と住民の対話で、万が一に備えることになるでしょう。ただ万が一程度なら日ごろは考えないで、その時になって必要な対応をとろうとする人もいるでしょう。起こりそうもない現象なら、私もそのように対応します。

一口メモ　崖崩れ

狭く平地の少ない日本の国土では仕方ないことかもしれないが、日本列島のあちこちで山や丘の斜面を開拓して、宅地にしている。崖の上部に建設された集合住宅のため急な斜面にエレベータやエスカレータが設置されているところもある。

台風の襲来した際に発生する崖崩れは山岳地帯の急斜面で起こると、高校生の時に習った記憶があるのだが、現在では、都市部での崖崩れが珍しくなくなった。横浜、神戸、長崎など港町には坂が多く、崖の斜面に家が建っている光景は珍しくない。そしてその斜面が大雨の後に崖崩れを起こしている。崖崩れの規模は大きくはなくても、家が密集しているので被害は拡大することが多い。二〇二一年七月に静岡県熱海市で発生した崖崩れは悪質で、人間がわざわざ崩れやすい土地を造成しているのである。高所に不安定な盛土をすれば、崩れるのは必定である。そこにどのような法律で、安定を定め土砂の廃棄を認めたのか知らないが、とにかく不安定な土地を創出するような行為は自然の摂理に反している。

このように、都市部で発生する多くの崖崩れは人災であり、日ごろから防ぐことはできる現象だと考える。

第6章　気象災害

6・1　多種多様な気象災害

気象や地震、火山噴火などの自然災害の中で、災害発生の件数として最も多いのは気象災害です。『理科年表2021』には「日本のおもな気象災害」の表が掲載されています。表は（一）台風、大雨、大雪などの災害では、死者・行方不明者が多いもの（一九五〇年までは一〇〇人以上、一九六五年までは五〇人、一九七五年まで一五人、その後は五人以上）、（二）干害、冷害などは規模の大きなもの、（三）火災は焼失家屋一〇〇〇棟以上、などの基準で一九二七年から二〇一九年までの災害が網羅されています。時代とともにその選定基準は多少変化していますが、合計三八三件が「気象災害」としてリストアップされています。

このような事実を前提に、これからの議論は進めます。その第一歩として、どんな災害が発生しているのかをまず概観します。いろいろな姿、形の「敵を知る」ことで、災害への対処も可能になるのです。冗長になることを恐れず、過去に発生した災害を眺めていきます。

第3章で述べたように地震に関しては、『理科年表2021』に、同じように「日本付近のおもな被害地震年代表」があります。一九二七年から二〇一八年まで一一八件が津波による災害を含むおもな地震災害としてリストアップされています。その中には、一九六〇年のチリ地震津波のように、遠方で発生した地震による洪水（津波）災害も含まれています。

同じ時期の火山災害として、私は以下の一八件の噴火活動を選びました。北海道駒ケ岳（一九二九）、有珠山（一九四四、一九七七、二〇〇〇）、浅間山（一九六一）、伊豆大島（一九五〇、一九八六）、三宅島（一九四〇、一九六二、一九八三、二〇〇〇）、御岳山（二〇一四）、阿蘇山（一九三二、一九五三）、雲仙岳（一九八九）、桜島（一九四六）、口永良部（一九三二）、明神礁（一九五二）です。いずれも大規模噴火と呼べるものを選びました。ただ、浅間山や阿蘇山は、大規模噴火ではないかもしれませんが、その前後に火山活動が続いていたので、数えました。

二〇一四年の御嶽山は、噴火活動そのものは大きくありませんでしたが、死者五八人、行方不明者五人と日本でときどき発生している噴火による火山災害としては、史上最大ともいえる数なので、数えました。

一九五二年ベヨネーズ列岩で海底火山の噴火で明神礁が出現、海上保安庁の調査船「第五海洋丸」が噴火に遭遇して全三一名が殉職しました。火山災害としては大きいですが、海底火山の噴火で、住民はいないので含めませんでした。同じく二〇一三年から小笠原諸島の西之島は、活発な火山活動を続けていて、島の面積も拡大中でした。火山活動としては大規模ですが、火山災害はほとんど発生していないと推測されますので数えませんでした。また二〇二一年の海底火山・福徳岡の場の噴火も、新島出現も確認されましたし、その後軽石が沖縄県の海岸を中心に、日本列島太平洋岸に漂着しました。将来、この現象を火山災害と称するかどうか分かりませんが、本書では二〇二一年の出来事なので含めません。

これらをまとめますと、一九二七年から二〇一九年まで九二年間で、日本で発生した規模の大きな、あるいは死者数の多い自然災害の合計は五一九件です。そのうち、気象災害が三八三件で七三・八パーセント、地震災害が一一八件で二二・七パーセント、火山災害が一八件で三・五パーセントです。死者数、経済的損失など、それぞれの災害の内容や程度は異なりますから、簡単には結論づけられませんが、自然災害の中では、気象現象による災害が全体の四分の三となり、圧倒的に多いのは確かです。

気象災害は、平均すれば日本列島内のどこかで、あるいは広い範囲で、毎年、必ず四回は発生している計算になりす。それに対し多少なりとも災害を伴うような地震の発生は、年に一回強、五年で六回程度です。被災範囲もM７クラスの大地震でも一つか二つの府県内で済みます。

大きな災害をもたらすような噴火をする火山も、限られてくるようです。有珠山、伊豆大島、三宅島、阿蘇山のように、九二年間で複数回、噴火した山もあれば、一回だけの噴火でも大きな災害をもたらした噴火もあります。特に、浅間山や桜島は一度の噴火活動しか数えてはいませんが、阿蘇山ともども小さな噴火を長期間続ける傾向があります。大災害には発展しませんでしたが、活動が活発な火山です。しかし、日本列島の中で大きな火山災害の発生は五年に一度程度なのです。

『理科年表2021』の表に示された災害を、発生の領域や場所を念頭に分類してみます。気象災害とは言っても、台風のように暴風雨による災害では、その主たる原因は対流圏（大気圏）内にあると判断しました。同じように冷害、干害、酷暑なども また対流圏内の現象です。

同じ視点で見ますと、大雨、大雪、豪雨、豪雪は降水・降雪現象としては対流圏内の現象ですが、災害が発生するのは地表です。大雨、豪雨で降った雨水を地表で処理できないために洪水が発生してしまうのです。降雪は積雪になったとたんに災害の原因になりはじめます。なだれ、融雪などを引き起こします。

大火、森林火災は、火災の拡大は風が原因でしょうが、燃焼という現象は地表で起きているので地表に分類しました。

表の中に「高波」「赤潮害」がありますがこの二件は海洋（水圏）の現象としました。高波は一九六五年一月、東北から北海道にかけて通過した低気圧によって発生した高波が原因で、陸上に浸水、船舶にも被害が出ていました。赤潮害は一九九五年夏、香川県で発生しています。

それぞれの領域で発生した災害を以下に示します。一件の災害が、一つの原因とは限りません。表の種類の欄には、「台風」「大雪、強風」「ひょう、落雷害」「大雨、落雷、突風」など複数の現象が記されていますが、その最初だけをとりました。表示された「種類」の件数は三〇件です。

大気圏（対流圏、一六件）
台風、強風、冷害、干害、酷暑、暴風、暴風雪、低気圧、突風、雷雨、竜巻、ひょう、濃霧、低温（寡照）、乱気流、視界不良。
地表（地圏、一二件）
大雨、豪雨、大雪、豪雪、融雪、長雨、長雨低気圧、地滑り、土石流、なだれ、大火、山林火災。
海洋（水圏、二件）
高波、赤潮害。

気象災害の中では台風（一五四件）が最多で四〇・二パーセントを占めます。暴風（二件）、暴風雪（四件）、低気圧（二件）を加えますと、その合計は四二・三パーセントになります。気象災害の四割は強い風に大雨や大雪が加わり発生していることを示しています。気象災害の第二番目は大雨（八七件）の二二・七パーセントです。豪雨（二五件、気象災害の六・五パーセント）を加えると二九・二パーセントになります。さらに長雨（二件）、長雨低気圧（一件）を加えると降水に伴う気象災害は三〇・〇パーセントです。大雪（二三件、気象災害の六・〇パーセント）と豪雪（一件）で六・

二パーセントです。これら降水、降雪を合計すると三六・三パーセントとなり、雨と雪が気象災害の三分の一以上の割合を占めることになります。

冷害（一六件、気象災害の四・一パーセント）は数年に一度、干害（一〇件、気象災害の二・六パーセント）で一〇年に一度の割合で発生しています。酷暑（六件、気象災害の一・五パーセント）も数年に一度は日本列島でも経験しているのです。

日本での気象災害による死者・行方不明者の割合は、雨による崖崩れや土石流が原因になっていることを含めて水害が三九パーセント、台風や温帯低気圧による暴風雨も含めた風水害三三パーセント、雪害二四パーセントとのデータがあります。この統計からは「日本のおもな気象災害」の割合とほぼ一致しています。

世界の気象災害を被災者数と死者数で調べた統計があります。被災者数では干ばつ（五三パーセント）、洪水（三九パーセント）、熱帯低気圧（五パーセント）と、干ばつが気象災害の半数以上占めています。先に述べた「日本のおもな気象災害」とは統計をとる資料が異なりますが、被災者数で干ばつが五〇パーセント以上というのは明らかに、日本の事情とは異なります。

死者数も干ばつ（五一パーセント）、熱帯低気圧（三四パーセント）、洪水（一二パーセント）も日本の災害傾向とは大きく異なります。地球上では、日本ではあまり聞かなくなった干ばつ（干害）が、毎年のように発生しています。熱帯低気圧は日本では台風ですが、日本の気象災害で四〇パーセント以上の熱帯低気圧の災害よりも、世界では干ばつで亡くなる人の割合が多いのです。

近年の日本人はほとんど心配していない干ばつ、そこに起因する食糧不足は、現在でも地球上では進行しているのです。

日本では人口の減少がはじまったと心配されていますが、地球規模では人口の増加は続いています。人口の増加とともに、自然災害、特に気象災害の増加も続くでしょう。地球上でのわずかな環境変化が、大きな災害に直結する可能性があります。

6・2 暴風

対流圏で吹く風は地表面に影響を及ぼします。風速が大きくなれば、地表の物体に大きな圧力がかかります。圧力は風圧と呼ばれますが、強い風圧は地表面の物体を破壊するなどして被害が発生します。風速が毎秒一〇メートルでは一平方メートル当たり七キロの風圧がかかります。風速が毎秒二〇メートルではおよそ三〇キロ、四〇メートルでは一二〇キロの圧力です。風速が増加するとともに、風圧は急激に増加していきます。風速毎秒一〇メートルを超えると、傘をさして歩くのが困難になってきますし、二〇メートルになると風上に向かって歩けなくなります。

吹く風の変化が激しい時があります。「風の息」と言われるように、風は時々刻々と不規則に変化し、時には強風、突風が発生し、短時間の強い風でも被害が生じることがあります。天気予報などで聞く一般的な風速は一〇分間の平均をとった平均風速です。それに対し台風の時などは最大風速、あるいは最大瞬間風速などの言葉が使われます。風による被害は、短時間の強風によって発生することが多いようです。防災の立場からは瞬間風速が重要視されます。平均風速に対する最大瞬間風速を突風率と言います。突風率はその時の気象状況で大きく変わりますが、強い風が吹いているときには平均風速の三～五倍程度の突風が吹くと考えられます。風速毎秒一〇メートルの風が吹いているとき、突然風速毎秒三〇メートルの風が吹くことがあるのです。

日本における二〇一九年までの観測史上で最大風速の第一位は室戸岬における一九六五年九月一〇日の毎秒六九・八メートル、第二位は宮古島における一九六六年九月五日の毎秒六〇・八メートル、第三位が雲仙岳における一九四二年八月二七日の毎秒六〇・〇メートルで、毎秒六〇メートル以上の最大風速を記録した観測点はこの三カ所だけです。同じく瞬間最大風速の第一位は宮古島で、最大風速を記録した一九六六年九月五日と同じ日の毎秒八五・三メートル、第二位は室戸岬で一九六一年九月一六日の毎秒八四・五メートルですが、この時はこの値までは観測できたのですが、それ以上の記録は得られませんでした。第三位は与那国島で二〇一五年九月二八日の毎秒八一・一メートルです。最大風速と同じように、毎秒八〇メートル以上の最大瞬間風速を記録した観測点は、この三カ所だけです。

これらの値はいずれも台風によって記録されました。宮古島の最大風速と最大瞬間風速は第二宮古島台風で記録されています。この台風は宮古島と石垣島に大きな被害をもたらした台風です。暴風は台風及び熱帯性低気圧によってもたらされるほか、温帯低気圧でも甚大な被害が発生することがあります。

天気予報で「台風並みに発達した低気圧」と表現されるように、発達した温帯低気圧での強風範囲は台風よりも広い場合が少なくありません。風速毎秒一五メートルの範囲が一〇〇〇キロになることもあります。長時間強い風が吹き続くので、災害が大きくなります。

低気圧の中心気圧が二四時間に二四ヘクトパスカル以上低下するというような急激に発達した低気圧は「爆弾低気圧」と呼ばれます。日本列島から太平洋にかけてはヒマラヤ山脈の影響で北半球のジェット気流が蛇行する領域で、爆弾低気圧が発生しやすい地域の一つです。一日以内で最低気圧になるような急速な発達をするので、予報が出されても対策を施す余裕がなく、進行速度も速いので、不意打ち的に暴風に襲われます。

「おもな気象災害」には暴風（二件）、強風（二三件）が掲載されています。ともに低気圧によってもたらされた暴風です。暴風は暴風雨、暴風雪で、雨や雪を伴うことが多く、強風は風による被害が多いです。いずれも死者を伴い、船舶にも被害が出るのが特徴的です。また大火を伴うこともあります。突風（一件）は一九九四年九月八日、埼玉県で雷雨を伴って発生しています。

暴風の予側はほぼ可能な時代になりつつあります。それでも急激な変化で予報が追い付かず、災害も発生します。普段から過去の災害を知っておけば、対応がより一層確実にできるはずです。忘れたころに起こることもあるかもしれません。「敵を知る」意義を改めて考えてください。

6・3　台風

北西太平洋や東シナ海で発生する熱帯低気圧の風速が毎秒一七メートルを超えると台風と呼びます。インド洋や南太平洋で発生した熱帯低気圧はサイクロン、北半球の東経一八〇度より東の太平洋やカリブ海を含む大西洋で発生したらハリケーンと呼びます。第二次世界大戦以前、日本で大型台風による被害が発生すると、名前が付けられていました。

一九三四年九月二〇～二一日に四国に上陸し、大阪を中心に、九州から東北地方まで死者二七〇二人、行方不明三三四人、四〇万余棟が浸水、船舶被害二万七五九四隻などの大災害は「室戸台風」と呼ばれています。終戦直後の混乱期の日本列島を襲ったのが一九四五年九月一七～一八日の「枕崎台風」（死者二四二七人、行方不明一二八三人、浸水家屋二七万三八八八棟）、同年一〇月九～一三日の「阿久根台風」（死者三七七人、行方不明七四人、浸水家屋一七万四一四六棟）はともに西日本に大きな被害が発生した台風です。それぞれ日本列島での上陸点付近の地名をとり命名されています。

一九四七年からはアメリカが命名している、その年の発生順に最初からアルファベッド順に女性の名前を付ける方法が使われるようになりました。一九四七年のカスリーン台風（浸水家屋三八万四七四三棟）、一九四八年のアイオン台風（浸水家屋一二万〇〇三五棟）、一九四九年のデラ台風（浸水家屋五万七五五三棟）、キティ台風（浸水家屋一四万四〇六〇棟）などは、首都圏でも利根川水系が氾濫して、大洪水が発生した台風ですので、名前とともに記憶に残っている読者も少なくないでしょう。一九五二年のダイナ台風（浸水家屋三万七九一二棟）も関東以西で大きな被害が出ました。

一九五三年から日本では、アメリカ式の命名をやめて台風の発生順に番号で呼ぶようになりました。一九五三年六月四〜八日に、九州から中部地方に襲来した台風第二号（一九五三年に発生した二番目の台風）がその最初です。

その後も特に災害の大きかった台風には固有名詞が付けられようになりました。その第一号が一九五四（昭和二九）年の台風第一五号の「洞爺丸台風」です。北海道と本州が海底トンネルで結ばれる前は、当時の日本国有鉄道が青森と函館の間に青函連絡船を設け、旅客、貨物、列車を輸送していました。その連絡船の一隻が洞爺丸（三八九八トン）でした。台風は九月二五日から二七日にかけ本州を縦断し、二六日二二時四三分ごろ函館港沖合で洞爺丸は強風にあおられ転覆して沈没、乗員・乗客一三三七名のうち一〇〇四人が死亡、一五一人が行方不明となりました。台風による死者は一三六一名、行方不明者四〇〇名、浸水家屋は一〇万三五三三棟、船舶の被害は五五八一隻でした。洞爺丸の沈没により死者が一〇〇〇人を超える台風災害となり、大きな海難事故になったのです。現在でも台風による死者数としては一九五九年の伊勢湾台風に次ぎ、史上二番目の多さです。

一九五八（昭和三三）年九月二六〜二八日に、日本列島近畿以北に被害をもたらした台風第二二号は「狩野川台風」と命名されました。狩野川は伊豆半島中央の天城山周辺から北に流れ、三島市から南西に向きを変え沼津市で駿河湾に流入する直線にすれば三〇キロ足らずの小さな川で、流域には「天城越え」「浄蓮の滝」など演歌に歌われている名勝があります。富士山の伏流水が湧き出すことで有名な、名水の柿田川も支流の一つです。

台風は二六日二一時頃、伊豆半島の南端を通過し、二七日〇時ごろ神奈川県鎌倉付近に上陸、首都圏をかすめ三陸沖に抜けました。台風としては勢力が衰えはじめていましたが、停滞していた秋雨前線を刺激して大雨となり、狩野川が氾濫し狭い地域ながら死者八八八人、行方不明三八一人、浸水家屋五二万一七一五棟の大被害になりました。死者数は台風の被害としては、三番目に多かったのです。また日本列島接近前の九月二四日には沖ノ鳥島付近で中心気圧八七七ヘクトパスカルという史上三番目に低い値が記録されています。

これらの台風が通過後、その被害の甚大さから「洞爺丸台風」「狩野川台風」とそれぞれ固有名詞が付けられたのです。

一九五九（昭和三四）年九月一五～一八日に日本列島の関東をのぞく広い地域に被害をもたらしたのが「宮古島台風」です。当時の沖縄県はアメリカ統治下にあったので、地元では「サラ台風」と呼ばれています。一五日一九時ごろ最低気圧九〇五ヘクトパスカル、最大風速毎秒七〇メートルを記録、東シナ海を北上して、韓国に上陸後、日本海を進み東日本にも大きな被害をもたらしました。日本列島全体では死者四七人、浸水家屋一万四三六〇棟、船舶の被害七七八隻などの被害を受けました。

一九五九（昭和三四）年九月二六〜二七日に九州を除く日本全土に甚大な被害をもたらしたのが「伊勢湾台風」と命名された台風第一五号です。二六日の夕刻、紀伊半島潮岬付近に上陸後、岐阜県から富山湾に抜け、日本海沿岸沿を進み、東北、北海道にまで被害をもたらしました。死者四六九七人、行方不明四〇一人は、台風による被害としては史上最大の死者・行方不明者でした。その八三パーセントが三重、愛知の二県で発生した高潮による犠牲でした。通常の予測より一メートル以上の高潮のため浸水家屋が三六万三六一一棟に達しました。

記録された最大風速は伊良湖岬で毎秒四五・四メートルと驚くほどの値ではなく、台風のエネルギーとしては決して大きくはなかったのですが、高潮により伊勢湾沿岸での死者が増え、命名の原因にもなったのでした。

一九六一（昭和三六）年九月一五〜一七日、台風一八号が日本列島に上陸し、近畿地方を中心に死者一九四人、行方不明八人、浸水家屋三八万四一二〇棟、船舶の被害二五四〇隻の大きな被害が出ました。一六日早朝、室戸岬に上陸、淡路島、大阪湾、若狭湾、能登半島を通過し日本海沿岸を北上し、サハリンへと抜けました。大阪湾では高潮が発生し、被害が増大しました。一九三四年の「室戸台風」と進路が似ていたことから「第二室戸台風」と命名されました。一六日、室戸岬では瞬間最大風速毎秒八四・五メートルを観測しましたが、風速計が損傷しそれを越す観測記録が得られませんでした。

一九六六（昭和四一）年九月五日、宮古島を直撃した台風第一八号は、瞬間最大風速は毎秒八五・三メートルを観測、現在も日本での観測史上最大の瞬間最大風速です。死者はなく、浸水家屋も三〇棟、船舶の被害五六隻でしたが、島の特産サトウキビの七割が甚大な被害を受け、一九五九年の宮古島台風に続き「第二宮古島台風」と命名されました。まだアメリカ統治下にありましたので、現地では「コラ台風」と呼ばれています。

一九六八（昭和四三）年九月二二〜二七日、台風第一六号は二二日夜半、宮古島付近を通過し、鹿児島に上陸しました。二年前に被害を受けたばかりの宮古島や鹿児島には塩害と高潮で大きな打撃を与えたほか、西日本で被害が発生しました。宮古島の瞬間最大風速は毎秒七九・八メートル、三重県尾鷲の日降水量はそれまでの記録より一〇〇ミリ以上多い史上最多の八〇六ミリを記録しました。西日本全体で死者一一名、浸水家屋一万五三二二棟、船舶の被害八五隻でした。やはりアメリカ統治下だったため「デラ台風」と呼ばれています。

一九七七（昭和五二）年九月九日に奄美諸島から中国大陸へと抜けた台風第九号は、後日「沖永良部台風」と命名されました。九日二二時五〇分ごろ沖永良部島で九〇七・三ヘクトパスカルの最低気圧を観測、これは現在でも日本列島の陸上で観測された最低気圧です。最大風速毎秒三九・四メートル、瞬間最大風速毎秒六〇・四メートルを記録しましたが、測風塔の支柱が傾き、それ以後の風速の計測ができませんでしたが、担当者の話として瞬間最大風速は毎秒八〇メートルを超えていたと言われています。島の住宅はほとんど被害を受け、死者一人、住宅の全半壊五一一九棟、浸水住宅三二〇七棟、船舶二二隻の被害が出ました。気象衛星ひまわりが運用されるようになって、最初に撮影された台風です。

この台風以後、気象庁は四二年間、台風を命名することはありませんでした。ところが令和になって続けて二つの台風が、太平洋を北上し、首都圏の南岸をかすめるように通過し、千葉県を中心に、大きな被害が発生しました。

二〇一九（令和元）年九月八～九日、台風第一五号が首都圏を襲いました。九日三時ごろ三浦半島に上陸し東京湾に出た台風は五時ごろ千葉市に上陸、そのあと茨城県から太平洋へと抜けました。伊豆諸島の神津島で最大風速毎秒五八・一メートルを記録、千葉県を中心に死者九人、家屋の全半壊九万三〇九六棟、浸水家屋二七六棟、船舶三九五隻などの被害を受けました。「令和元年房総半島台風」と命名されました。

そのおよそ一カ月後の二〇一九年一〇月一一～一三日、台風第一九号が再び、関東地方に襲来しました。一二日一九時ごろ伊豆半島に上陸、神奈川県から南関東を通過、箱根町では総雨量が一〇〇〇ミリを超えました。長野市では千曲川が氾濫し、市内が浸水し水害が発生しました。JRの車両基地では新幹線の車両多数が水没しました。死者九九人の多くは洪水や崖崩れに巻き込まれて亡くなり、行方不明者も八人います。被害地域は東日本全域に及び家屋の全半壊七万六六五二棟、浸水家屋三万一〇二一棟、船舶の被害三〇二隻でした。「令和元年東日本台風」と命名されました。

このように台風では対流圏での風、地表での洪水、崖崩れ、水圏での高潮など、いろいろな災害が、複合的に同時に発生します。専門家は「備えろ」と簡単に言いますが、一度でも台風の襲来を経験した人は、それなりに対応できるでしょうが、未経験の人はすべてに対応するのはなかなかできません。普段から被災を想像し備える気持ちが大切です。

本節では過去の台風襲来を羅列した形になりました。子供時代の記憶としてヨコモジの名前が付いた台風が来て、利根川水系で洪水が発生したことが、強く印象に残っています。茨城県の内陸か栃木県の農家では昔から船を納屋に吊るして持っているという写真も見ました。それほど洪水が頻繁に起こり、水害が発生していたのです。ただ近年は行政の努力の結果でしょうが治水が進み、私が子供のころ記憶したような洪水は、関東平野ではほとんど発生していません。「敵を知った」一つの成果だと思います。

6・4　豪雨・大雨

「おもな気象災害」で大雨（八七件、二二・七パーセント）、豪雨（二五件、六・五パーセント）は合計一一二件、全体の二九・二パーセント、気象災害のほぼ三分の一を占めます。その原因は強力な低気圧の通過、前線の停滞、さらに近年は線状降水帯と呼ばれる現象が起きています。

線状降水帯は、次々に発達した積乱雲（雨雲）が列をなす一条の積乱雲群によって、数時間あるいはそれ以上の長期間にわたり同じ場所に線状に停滞したり、通過することによって形成され出現する現象です。線状に延びる長さ五〇～三〇〇キロ、幅二〇～五〇キロ程度の広さの地域で強い降水、大雨が降るのがその特徴です。

写真8　「平成26年8月豪雨」（2014）の土石流で被災した広島県安佐南区八木の災害復旧現場（2021年6月撮影）

線状降水帯は二〇一四（平成二六）年八月、広島市で発生した土砂災害以降、注目を集め現象を説明するために頻繁に使われ出した気象用語のようです。この時は全国で死者・行方不明者九一人、住家の全壊半壊四八一七棟、浸水家屋一万六五一七棟の被害が出ており、「平成二六年八月豪雨」と命名されています。

線状降水帯は西日本で発生する割合が多いようです。はっきり線状降水帯と推測されはじめたのは二〇一二（平成二四）年七月一一～一四日の「平成二四年九州北部豪雨」からのようです。この時は九州北部を中心に被害が発生、死者・行方不明者三二人、浸水住宅一万二六〇六棟でした。

台風と連動したような線状降水帯も観測されています。二〇一五（平成二七）年九月七～一一日、四国から東北地方で死者・行方不明者二〇人、浸水家屋一万五七八二棟の被害が発生したのは、「平成二七年九月関東・東北豪雨」と「台風第一八号」の複合的な被害です。

　同じく二〇一七（平成二九）年六月七日～七月二七日では、日本列島全体で、梅雨前線、台風第三号、「平成二九年七月九州北部豪雨」が相乗的に作用して、被害が拡大しました。死者・行方不明者四四人、浸水家屋四五二五棟の被害が発生しています。

　同じように前線、台風が重なったのが「平成三〇年七月豪雨」です。被害は西日本で大きく、日本列島全域に及びました。死者・行方不明者二七一人、浸水家屋二万八六一九人の被害が発生しています。「西日本豪雨」とも呼ばれています。

　二〇二〇（令和二）年七月上旬、日本列島の広い範囲で豪雨による災害が発生し「令和二年七月豪雨」と命名されました。気象庁は熊本、鹿児島、福岡、佐賀、長崎、岐阜、長野の七県に大雨特別警報を発して、警戒を呼びかけていました。七月三日〇時～一五日五時までの総雨量は高知県馬路村で一四九一・五ミリ、長野県大滝村御嶽山一四六二・〇ミリ、大分県日田市一三五一・〇ミリ、それぞれ年総降水量の半分以上が一〇日間程度の短期間に降ったのです。

　熊本県の球磨川をはじめ複数の河川が氾濫、周辺では家屋の浸水、崖崩れなどの土砂災害が発生しました。

　それ以前の豪雨として記録に残るのは一九五三（昭和二八）年七月一六～二四日、梅雨前線の停滞による紀伊半島で発生した「南紀豪雨」です。一〇日間で七〇〇ミリを超す降雨があり、有田川、日高川などが決壊し、死者七一三人、行方不明者四一一名、住家損壊一万〇八八九棟、浸水家屋八万六四七九棟の被害が出ました。

個人的には一九五七（昭和三二）年七月二五〜二八日の「諫早豪雨」が印象に残っています。二五日九時ごろから長崎県佐世保、佐賀、大分に発生した前線は南下し、一五時ごろには諫早、熊本付近まで達し、島原半島北部では雨が強くなりました。雲仙市瑞穂町西郷の中学校の雨量計では、二四時間で一一〇九・二ミリの降水量を記録しているのに、島原半島南部では八六ミリという局地的な豪雨で、「集中豪雨」という言葉が初めて使われました。長崎県を中心に九州で被害が発生、死者八五六人、行方不明者一三六人、浸水家屋七万二五六五棟に達しました。

諫早市内では住民への避難指示があり、一度は避難した人たちが、雨が小やみになり、河川の水位が低下したことからほとんどが自宅に戻りました。そこで再び雷とともに雨が降り出し、河川が氾濫し諫早市内だけで五八六人が亡くなりました。その後諫早では、避難したのに一度帰宅してしまったことへの教訓として、「むだ足覚悟で、早めの避難」が使われるようになり、防災用語として全国に普及しています。

この時、私は南アルプスを登山中で、赤石岳山頂付近でキャンプをしていました。持参したラジオでは諫早の水害を伝えていましたが、南アルプスでも前線がかかり大雨が続き、行動を控え五日ほど停滞しました。炊事をする燃料の石油が少なくなり、三回の食事を二回にして、じっと動かずにいたので、諫早豪雨は七〇年近くが経過した今日でも記憶に残っています。

その後も一九六一（昭和三六）年六月二四日～七月一〇日、北海道を除く日本列島各地で、死者三〇二人、浸水家屋四一万四三六二棟の被害を出した「昭和三六年梅雨前線豪雨」、一九六四（昭和三九）年七月一七～一九日、島根県を中心に山陰、北陸で死者一二三人、浸水家屋六万七五一七棟の被害の「昭和三九年七月山陰北陸豪雨」、一九六七（昭和四二）年七月七～一〇日、九州北部から関東にかけて、死者三六五人、浸水家屋三〇万一四四五棟の被害を出した「昭和四二年七月豪雨」、同年八月二六～二九日、羽越（新潟県北部から山形県南部）にかけて被害（死者一一三人、浸水家屋六万九四二四棟）が出た「羽越豪雨」などがあります。

同じような豪雨災害はまだ続きます。一九七二（昭和四七）年七月三～一三日、日本列島全体で死者四一〇人、浸水家屋一九万四六九一棟の被害を出した「昭和四七年七月豪雨」、一〇年後の一九八二（昭和五七）年七月一〇～二六日、関東以西で死者三三七人、浸水家屋五万二一六五棟の被害を出した「昭和五七年七月豪雨」、翌一九八三（昭和五八）年七月二〇～二七日の「昭和五八年七月豪雨」は九州から東北までで、死者・行方不明一一七人、浸水家屋一万七一四一棟の被害が発生しています。

平成の名がつく豪雨も発生しています。一九九三（平成五）年七月三一日～八月七日、「平成五年八月豪雨」が西日本、特に九州南部を襲いました。死者七四人、浸水家屋二一万九七八七棟の被害が発生しています。一九九八（平成一〇）年八月二～九日、「平成一〇年八月上旬豪雨」は前線の停滞により中国から東北に、死者二人、浸水家屋一万八二〇七棟の被害が出ています。同年八月二五日から九月一日、「平成一〇年八月末豪雨」が発生し、沖縄を除く日本列島全体で死者・行方不明者二五名、浸水家屋一万三九二七棟の被害が出ました。台風の通過に前線の活動が重なり、大雨となったのです。

二一世紀に入り、二〇〇四（平成一六）年七月一二～二〇日、「平成一六年七月新潟・福島豪雨」は、名前の通り新潟・福島両県で死者・行方不明者一六人、浸水家屋八四〇二棟の被害が発生しています。さらに同年七月一七～二一日、「平成一六年七月福井豪雨」では岐阜、北陸、東北で死者・行方不明者五人、浸水家屋一万三九五〇棟の被害でした。二〇〇六（平成一八）年七月一五～二四日には「平成一八年七月豪雨」が発生し、九州から東北にかけ死者・行方不明者三〇人、浸水家屋六九九六棟の被害が出ています。前線が停滞したためです。二〇〇八（平成二〇）年八月二六～三一日には九州から北海道まで、日本列島全域で死者・行方不明者二人、浸水家屋二万一八四四棟の被害が出た「平成二〇年八月末豪雨」が発生しています。二〇〇九（平成二一）年七月二一～二六日、「平成二一年七月中国・九州北部豪雨」は、九州から関東までその名前以上の広範囲で死者・行方不明者三九人、浸水家屋一万一五四一棟の被害が出ています。

このように見てきますと、線状降水帯が認識される前の二〇世紀から、同じような現象が繰返されていたことに気が付きます。現在では線状降水帯の発生はかなり予測できるようになりました。気象庁は二〇二一年から「顕著な大雨による情報」という文言で、注意を呼び掛けるようになりました。

洪水は発生してからでは避難ができないことを覚悟して、日ごろから対策を考えてください。

6・5　豪雪・大雪

「おもな気象災害」では豪雪（二件）、大雪（二三件、六・〇パーセント）は全体でも二五件、全気象災害の六・五パーセントです。雪国では当たり前の五センチ、一〇センチ程度の積雪でも、東京や大阪の大都会では、すぐ交通障害が発生し、交通機関の遅れや運休、自動車のスリップ事故、通行人が転倒して怪我をしたというようなニュースが流れます。雪に慣れている地域でも日常的な冬の積雪は大きな障害になります。除雪作業は公私とも苦労が絶えないです。

豪雪地帯という言葉が日本にはあります。冬季に大量の積雪がある地域を指しますが、そのような地域を日本では「豪雪地帯特別措置法」という法律によって、国土交通大臣、総務大臣、農林水産大臣が指定しています。三人の大臣が名を連ねるのは、積雪が交通機関、日常の生活、農林業など多方面に関連、影響しているからです。

法律では豪雪地帯を「積雪が特に甚だしいため産業の発展が停滞的で、かつ、住民の生活水準の向上が阻害されている地域」と定義されています。

豪雪地帯の中でもさらに配慮しなければならない地域として特別豪雪地帯が指定されています。特別豪雪地帯は「積雪の度が高く、かつ、積雪により長期間自動車の交通が途絶する等により住民の生活に著しい支障を生ずる地域」とされています。

日本国土の約半分、一九・二万平方キロが豪雪地帯に指定されており、全人口の一五パーセント、一九〇一万人が居住しています。北海道、北東北、日本海沿岸部及び本州を縦断する山岳部がその地域です。最西端の豪雪地帯は島根県の山岳地帯で、同県の日本海沿岸地域はのぞかれます。島根県の南側に隣接し瀬戸内海に面している広島県の山岳地域も豪雪地帯です。

特別豪雪地帯は全国土の二〇パーセントに相当する七・五万平方キロ、全人口の二・四パーセントの三〇一万人の人々が生活しています。

太平洋に面した都道府県で全域が豪雪地帯で一部には特別豪雪地帯を含むのが北海道、青森、岩手の三道県です。秋田、山形、新潟、富山、石川、福井、鳥取の日本海側の七県も全域が特別豪雪地帯を含む豪雪地帯です。そのほか特別豪雪地帯を含むのは宮城、福島、群馬、長野、岐阜、滋賀の六県です。栃木、山梨、静岡、京都、兵庫、島根、岡山、広島の八県にも豪雪地帯が存在しています。このように日本列島四七都道府県の中で、豪雪地帯が存在するのが二四道府県です。

太平洋に面し、温暖の地のイメージが強い静岡県にも豪雪地帯があります。山梨、長野県境の南アルプスが含まれているからです。余談になりますが県庁所在地の静岡市葵区には二万五〇〇〇分の一の地形図に掲載されている三〇〇〇メートルを超える山が一〇座存在します。JR静岡駅も同じ葵区に位置しています。

県庁所在地で特別豪雪地帯に指定されている都市が青森市、富山市、長野市です。いずれも合併により山間部の町村が含まれたからです。

一九九八年に長野市で長野オリンピックが開催されたとき、それまでの冬季オリンピック開催都市の中で、「最も南に位置した地域で開かれたオリンピック」と称されました。長野市の緯度は北緯三六度四〇分です。二〇二二年冬季オリンピックの北京の緯度は北緯四〇度です。長野市でオリンピックが開催できたのは豪雪地帯だからです。

日本列島の豪雪はその位置する自然条件によります。冬季にはアジア大陸ではシベリア高気圧が勢力を強め、日本列島へ北西からの季節風が日本海を通過して吹き込みます。風が通過する日本海には対馬暖流が流れています。暖かい対馬暖流からは水蒸気が大量に上昇し、季節風によって日本列島に運ばれ、背稜山脈にぶつかり、大量の雪を降らせます。日照時間も少なく、気温も太平洋側よりは低いのですが、逆に放射冷却効果は弱く、冷えません。そのため比較的湿り気の多い積雪となります。

一九六三（昭和三八）年一月、「昭和三八年一月豪雪」が日本列島全域で発生しています。死者二二八人、住家全半壊六〇〇五棟、浸水家屋七〇二八棟の被害が出ています。

二〇〇五年一二月〜二〇〇六（平成一八）年三月、四国から北海道にかけての地域で、死者・行方不明者一五二人、住家全半壊四七一三棟、浸水家屋一一三棟の被害が出た豪雪で「平成一八年豪雪」と命名されました。

一九八〇（昭和五五）年一二月下旬〜一九八一年二月には全国的に大雪が降り、死者・行方不明者一〇三人、住家全半壊五八一九棟、浸水家屋五五五三棟、船舶の被害一二六九隻の被害が発生しています。一九八三（昭和五八）年一二月下旬〜一九八四年四月、やはり全国的な大雪で死者・行方不明者九六人、住家全半壊九三九棟、浸水家屋五一五棟の被害が出ました。例年の大雪での犠牲者の数は一桁代が多いですが、この二回はともに豪雪に匹敵する多くの犠牲者が出ています。

「おもな気象災害」には掲載されていませんが二〇一〇（平成二二）年、二〇一一（平成二三）年にも全国でそれぞれ一三一名、一三四名の大雪による犠牲者が出ています。大雪、豪雪に伴う犠牲者の原因は除雪に伴うことが八〇パーセント超を占めています。屋根の除雪中の滑落、屋根から落下した雪による圧雪死、除雪機械による事故などです。

近年は大雪警報が出され、高速道路などでの走行にも注意がなされていますが、それでも一〜二台の車が動けなくなり、数キロにわたる渋滞が発生するニュースが、珍しくなりました。降雪に際しての危機管理の再点検が必要です。首都圏では一〇センチの積雪が予想されると高速道路の閉鎖が実施されるようになりました。

大雪警報はほぼ確実に発せられているようです。それでも高速道路での大渋滞が恒例行事のように発生しています。その有様をニュースで知ると、もう一度、どのような情報や知識にもとづいて行動することが必要か考えさせられます。

6・6　高潮・赤潮

この節では高潮のほか、高波、赤潮など水圏で発生する災害について述べます。

高潮は気圧の低下、強い風などの影響で海面が異常に高くなる現象です。一九五九年の伊勢湾台風では、伊勢湾に高潮が発生して三重県、愛知県で三六七五人が犠牲になりました。これは死者・行方不明者五〇九八人の七二パーセントになります。台風の被害の中でも高潮による被害が最も多いことを示しています。

ベンガル湾に面したインドやバングラデシュの海岸は遠浅が続き、高潮の被害を受けやすい地域です。バングラデシュでは一九七〇年や一九九一年にサイクロンにより一〇万人以上の犠牲者が出ていますが、そのほとんどは高潮によるものです。

海面の高さ（標高）は気圧と海水の圧力（水圧）の均衡が取れた状態の水位です。一気圧（一〇一三ヘクトパスカル）で海面の高さは〇メートルで、これより気圧が高いと海面は押し下げられ、低いと押し上げられます。一ヘクトパスカル気圧が低下しますと一センチ海面が上昇します。太陽や月の引力での潮汐の干満（潮位）が天文潮です。それに対して風や気圧の変化で生じる海面の高さ（潮位）は気象潮と呼びます。

台風では気圧の低下とともに向岸風によって高い波が海岸に押し寄せ、気象潮を増大させます。台風によって発生した高い気象潮と天文潮による満潮が重なると、大きな高潮の発生になります。

湾内の潮汐変化は、その形にも影響を受けますので、複雑です。

伊勢湾台風では三・四三メートルの気象潮に天文潮が加わり、三・八九メートルの高潮が押し寄せたのです。この場合台風の中心付近が伊勢湾にあるとして、その中心気圧を九五〇ヘクトパスカルだったとし、台風の外側の気圧を一〇一〇ヘクトパスカルとすると、その気圧差は六〇ヘクトパスカルで、海面の上昇は六〇センチです。先の気象潮の三・四三メートルから、気圧の低下による海面変位を引けば、気圧の低下による向岸風で海面が二・八メートル押し上げられたことになります。その割合から推定しますと、海面上昇に及ぼす気圧と風の影響は一対五程度と見積もられます。風が強いと吹き寄せられる波が高くなり、高潮が発生しやすくなるのです。

台風の襲来時には必ず満潮時刻に合わせた高波への注意がなされます。幸いなことに、伊勢湾台風以後は、高潮による大きな災害は発生していません。台風の襲来が減ったわけではなく、港湾などでの防災対策がなされた結果だと推定されます。

「おもな気象災害」にただ一回高波による災害が記されています。

夏の終わりの海岸で波を眺めていると、波の高まりの峰が丸みを持った波長の大きな波が規則正しく並んで次々に押し寄せてくるのが分かります。この丸みをもった波がうねりです。土用波などと呼ばれます。さらに波の高まりがとがって峰になりついには砕けて白波が見えることがあります。これが風浪です。海の波は風浪とうねりがあり、低気圧などで発生した大きなうねりの上に、風浪が重なり数メートルの高さにまで達して押し寄せるのが高波です。高潮は潮位が高くなりますが、高波は潮位が高くなるとともにダイナミックな動きを伴いますので、それだけ破壊力が大きく災害が起こりやすくなります。天気予報などでも「波の高さ」が報じられるのはこのためです。

一九六五（昭和四〇）年一月八〜一〇日、東北から北海道を通過した低気圧で発生した高波では、死者一人、住家全半壊三二〇棟、浸水家屋一五九四棟ですが、一七五九隻の船舶が被害を受けました。

高波による沿岸道路の破壊のような小規模の災害は台風や低気圧の通過に際してはしばしば発生しています。

赤潮はプランクトンの異常増殖により、ある水域の海水が変色する現象です。海水が赤く染まるので赤潮と呼ばれます。水の色は原因となるプランクトンの色素によって異なり、オレンジ色、赤色、赤褐色、茶褐色などになります。

赤潮は水域の水温上昇、海流の流動性の低下、富栄養化、競合プランクトンの消滅などの要因が、複合的に重なり合い発生します。河川が流入して閉鎖的な水域で発生します。

赤潮が発生しますと漁業に大きな被害が生じ、死んだウニが大量に打ち上げられたというようなニュースが聞かれます。

「おもな気象災害」に残る赤潮は一九九五（平成七）年七月三〇日〜八月一一日、香川県で発生しています。

高潮や高波は対流圏の風によって水圏で発生する現象が、災害を発生させています。赤潮は水圏内の現象で、その発生原因はすべて水圏内にあるのです。その違いを理解してください。

海辺に住み毎日海を眺めている人たちは潮汐の変化は十分に理解していることでしょう。しかし、その原因は天体の動き（引力）だったり、風だったり、陸地の表面だったりと複雑に、重なり合っているのです。そのような原因にも目を向けることにより、自分自身の洞察力、自然を見る目線が深まります。

6・7　竜巻とトルネード、ダウンバースト

本書の冒頭にも書きましたが子供のころ「日本では竜巻は起こらない」と聞いたか、学んだかした記憶があります。そしてアメリカではトルネードによって大きな災害が発生したというニュースも記憶に残っています。「トルネード」という言葉が日本に浸透したのはそのはるか後で、気象用語としてではなくアメリカ大リーグで二〇世紀後半に活躍した野茂英雄投手の身体を捻るようにして投げる投球フォームが「トルネード投法」と呼ばれたときからだと思います。

日本でも「つむじ風」と呼ばれる現象の存在は知られていました。しかし、竜巻と呼ぶほど大きな規模ではないと考えられていたようですが、気象現象の現地調査が進むようになって竜巻の発生が確認されるようになったのです。しかし日本の竜巻は、アメリカのトルネードほど規模は

大きくなく、被害規模も小さいです。

竜巻はスーパーセルと呼ばれる大規模な積乱雲によって発生します。遠方から見ますと巨大な積乱雲の底から地上に延びる細長い漏斗状の雲が確認できます。この細長い漏斗状の雲が竜巻の特徴です。日本では幅一〇〇メートル、長さ数キロ程度の範囲で風による被害が発生します。アメリカでは幅が数百メートルから一キロを超え、長さは一〇〇キロ、二〇〇キロと規模は大きく、ときには州をまたいで発生することもあります。

台風や温帯性低気圧に比較して竜巻の規模は、はるかに小さい渦巻ですが、通過した地域の建物の被害は激甚です。一九九〇（平成二）年二月一一～一二日、四国から関東で大雨に見舞われましたが、千葉県茂原市ほか数カ所で竜巻が発生し、全負傷者八一人のうち七九人が竜巻によるもので、そのうちの一人は後日死亡しました。全体の住家の全半壊二〇九九棟のうち、竜巻により全壊家屋八一棟、半壊家屋一六〇棟という被害が発生しています。

二〇〇六（平成一八）年一一月七～八日、四国から北海道にかけて低気圧と前線で、竜巻、強風、波浪の被害を受けています。死者・行方不明者九人、住家の全半壊六四棟などの被害が出ています。

「おもな気象災害」にはリストアップされていませんが、ダウンバーストという現象も報告されています。竜巻が積乱雲に伴って生じた回転している上昇流によって発生するのに対し、ダウンバーストは積乱雲の下降気流によって生じます。ダウンバーストでは積乱雲の中を落下するひょうや雨滴などの空気押し下げの効果や、雨滴の蒸発により冷やされて重くなった空気によって激しい下降気流が生じて発生します。地面に達した下降気流が広がって周囲に大きな被害をもたらします。アメリカで発生した飛行機の着陸時の事故原因解明によって、ダウンバーストの存在が明らかになりました。ダウンバーストは水平のスケールが四キロ以上をマクロバースト、以下をマイクロバーストと呼んでいます。

日本では一九九六（平成八）年七月一五日、茨城県下館市で二〇名の負傷者が出たダウンバーストが発生しています。

一九七九年一一月二八日に、南極ロス島で発生したニュージーランド航空の大型ジェット機DC－一〇の墜落の原因として、日本の研究者の中にダウンバーストだと述べた人がいました（『あしたの南極学』青土社、二〇二〇、二一六頁参照）。しかしその後、「ホワイトアウト」が原因と究明されました。

このような小規模ながら激しい現象の発生メカニズムはまだ十分には解明されていません。観測網の網の目にかからないほどそれぞれ規模が小さいので、現象の観測、解明が進まず、災害防止のための予知、予測も困難なのが現状です。急にサラサラと風が吹きだしたというような現象に気付いたら、なるべく建物の中に入ることぐらいしか現状では対策は考えられません。

6・8　強風・突風

低気圧や前線の通過に伴って強風（二三件、六パーセント）や突風（一件）も発生しています。暴風（二件）も起きています。

一九五七（昭和三二）年一二月一二〜一三日、低気圧の通過により日本全土が「暴風雨」に襲われ死者一四人、行方不明者二九人、住家全半壊一万五九一三棟、浸水家屋二〇七六棟、船舶被害一二二隻と、台風並みの被害が発生しています。

一九五六（昭和三一）年一〇月二八日、やはり低気圧により「強風・大雨」が九州から北海道を襲い、死者二四人、行方不明者四八人、住家全半壊一四六棟、浸水家屋五三七三棟、船舶被害七隻の被害が発生しています。

一九五八（昭和三三）年一月二六〜二七日にも低気圧による「強風」で、本州南岸で死者七人、行方不明者一九四人、家屋の被害は一桁でしたが船舶八隻も被害を受けました。なかでも紀阿連絡航路の南海丸（四九四トン、定員四四四名）の沈没は原因不明の海難事故として、注目を集めました。

一月二六日一七時ごろ、徳島地方気象台は強風注意報を出していました。一七時三〇分ごろ南海汽船所属の南海丸は旅客一三九名、乗組員二八名を乗せて和歌山港（和歌山県和歌山市）を小松島港（徳島県小松島市）に向けて出港しました。一八時二八分ごろ無線電話で危険を知らせたのを最後に、同船は消息を絶ちました。当時の紀伊水道の海況は風速一七〜二〇メートル、平均波高四〜五メートルと推定されています。

海上保安庁の巡視船や僚船により直ちに救援体制が敷かれましたが、翌々二八日一六時ごろ、紀伊水道の沼島沖付近の水深四〇メートル地点で沈没している船体が発見されました。旅客・乗組員全員が死亡または行方不明で、生存者がいないため遭難事故の詳細は不明でしたが、台風並みの低気圧によるシケで沈没したと推測されています。

一九七六（昭和五一）年一〇月二八〜三〇日、北陸から東北の日本海側にかけて強風が吹き荒れ、山形県酒田市では火災が発生し、「強風・大火」が一つのキーワードになりました。死者・行方不明者こそ二人でしたが、住家全半壊三七六七棟、浸水家屋六六三棟、船舶被害三〇二隻を数えました。

「強風・波浪」もあります。一九九七（平成九）年一月一〜七日、九州の日本海側から北海道、さらに四国で風が吹き荒れ、波浪による被害が発生しています。死者五人、船舶の被害三隻です。低気圧の通過により同じような被害が二〇〇三（平成一五）年三月一六〜二〇日、沖縄、鹿児島、北海道で起きました。死者五人、船舶一隻の被害でした。同年一二月二五〜二七日、季節風による強風と波浪で、九州から北海道で死者・行方不明者六人、浸水家屋二一棟の被害が発生しました。

二〇〇六（平成一八）年四月八〜九日、「強風・雪崩」が岐阜県と長野県で発生し、死者・行方不明者一〇人が出ています。二〇〇七（平成一九）二月一三〜一六日、全国的に「強風、波浪・雪崩」が発生しています。死者・行方不明者一一人、住家全半壊一一六棟、船舶四隻などの被害が出ています。

このように「強風」には、多くの場合、風に伴って発生する波浪や火災など複合的な被害が発生しています。

突風は前線の通過などで、突然強い風が吹き、短時間で収束する現象です。一九九四（平成六）年九月八日、埼玉県美里町で雷雨とともに突風が発生し、負傷者七三人、住家全半壊七九棟の被害が発生しています。

強風は対流圏での現象ですが、波浪や雪崩という水圏や地表の現象も含め、災害を発生させているのです。災害の発生の予測はある程度可能な現象ですから、その可能性のある日にはなるべく外出は控え、屋内で過ごすのが個人的対策としてできることではないでしょうか。

6・9　干害

人間ばかりでなく生物にとって必要な水が長期間不足することによって生ずる災害が干害で、干ばつとも呼ばれています。いわゆる水不足で、降水量が少なく蒸発量の多いことが直接の原因で、災害に発展するかどうかはそれぞれの地域の特徴によります。干害が発生すると、その影響は広範囲に及び、世界的には死者や被災者が最も多い、最大の気象災害となっています。

地球上では干害は規模の大きな亜熱帯高気圧に長い期間おおわれることによって発生します。アフリカのサハラ砂漠の南縁のサヘル地域では一九六〇年代から三〇年間以上も継続し、四〇〇〇万人以上の人が影響を受けていました。サヘル地域は飢餓ベルトとも呼ばれ、マリ、ニジェール、モーリタニア・イスラム、ギニアなどの共和国とブルキナファソなどの国家が並んでいます。現在でも、いずれも貧困国でありイスラム過激派が侵攻している地域です。

日本の位置する偏西風帯においては低気圧や前線の通過によって雨が降りますが、それでも干害が発生しています。偏西風は南北に蛇行しながら西から東に流れています。その蛇行、うねりが大きくなり過ぎて低気圧や高気圧の動きを阻むブロッキング状態を引き起こします。その時高気圧に覆われた地域では、低気圧や前線の影響を受けることがなく、雨が降らないで干害が発生します。

「おもな気象災害」では干害は一〇件、全気象災害の二・六パーセントです。日本でも降水量は年々の変動のほかに、数十年の時間スケールで多雨期と少雨期が交互に繰り返されています。一九三九（昭和一四）年六〜八月、近畿以西で、一九四七（昭和二二）年、中部以西で干害が発生しています。一九五一（昭和二六）年七〜八月、全国的に干害が発生し、水稲や陸稲が大きな被害を受けました。

その後一九六〇年代中頃までは多雨期でしたが、一九六七（昭和四二）年七〜一〇月、西日本で干害が発生し、「長崎渇水」と呼ばれています。一九七三（昭和四八）年六～八月、北海道を除く全国各地で干害が発生し、渇水がひどかった香川県では「高松砂漠」と呼ばれました。一九七八（昭和五三）年五～九月、全国的に干害が発生、「福岡渇水」と呼ばれています。

一九八四（昭和五九）年六月中旬～九月、全国的に干害が発生、被害範囲は農業、林業と多岐にわたりましたが、それ以前に「全国冬季渇水」が発生しています。一九八五（昭和六〇）年七月中旬～九月中旬、中国から東北にかけて干害により農業被害が発生しています。一九八六（昭和六一）年に「西日本冬季渇水」、一九八七（昭和六二）年には「首都圏渇水」などと呼ばれる水不足が発生しました。

一九九四（平成六）年四～一〇月、日本列島全体が干害と酷暑に見舞われ死者一四人が出ています。「列島渇水」と呼ばれました。同じような干害と酷暑が一九九六（平成八）年七月一日から九月三〇日、沖縄から関東までを襲い死者八人が出ています。

二一世紀に入ってからは干害は現れていません。

水不足は生活様式の変化や生産活動などにより、生活用水の需要が増加し、降水量の変動に左右されない安定供給ができずに生じます。日本の急峻で谷の狭い地形は、ダムを建設しても貯水量が少なく、急流も重なり、多くの水が利用されずに海に流れ出ています。降水量の多い時期も限られ、水管理には困難が伴っています。

日本の風土から「水と空気は無料（タダ）」「湯水のごとく使う」と言われますが、節水は日常生活で日ごろから習慣づけておくことが重要と改めて注意を喚起したいです。

6・10 冷害

気象災害で農業が受ける被害は、水稲を例にとればもっとも多いのが冷害で五七パーセント、続いて風水害の二九パーセント、干害は三パーセントです。水稲に限らず、夏季に平均気温が低くなると農作物の収穫量は減少します。近年は水稲の耕作地が北海道にまで広がっていますので、オホーツク海高気圧から吹出す低温で湿ったヤマセと呼ばれる気流は下層雲を発生させ、気温を低下させます。その結果、北海道や東北地方の稲作が影響を受けやすくなります。

偏西風がブロッキングを起こし、オホーツク海高気圧が停滞したり、その西側に停滞性の気圧の峰が現れたりすると、その影響は長く続き冷夏となり、冷害が発生します。

大規模な火山噴火で成層圏に放出されたエアロゾルが太陽光を吸収したり散乱させたりして遮断するので、地上に到達する日射量は減少するのです。

最近では一九九三（平成五）年六〜一〇月、沖縄を除く日本列島全体で冷害が発生し米不足となり、タイから輸入して補いました。冷害の原因は一九九一年六月のフィリピン・ピナツボ火山の噴火により、少なくとも北半球の対流圏の平均気温が低下し、二年後の一九九三年、日本列島に記録的な冷夏をもたらしたとされています。

冷害はこの一九九三年の冷夏を含め一六件、気象災害の四・一パーセント記録されています。一九三四（昭和九）年七〜八月、東北〜北海道、一九四五（昭和二〇）北陸〜北海道、一九五三（昭和二八）年八〜九月、東日本（北海道の減収率三〇パーセント以上）、一九五四（昭和二九）年六〜八月、全国（北海道、水稲作況指数六一）など、北海道の不況の記事が続きます。一九四五年八月は第二次世界大戦の終戦の時期で、日本列島の食糧難に拍車がかかったのだろうと改めて思い知らされます。

一九六四（昭和三九）年四〜一〇月、青森・北海道の冷害では、北海道では平年作の三分の一程度しか収穫がありませんでした。一九六六（昭和四一）年六〜一〇月、北日本全域で、北海道では水稲の作況指数七一でした。

一九七一（昭和四六）年七〜八月、北日本（北海道の水稲作況指数六六）、一九七六（昭和五一）年六〜九月、甲信以北、一九八〇（昭和五五）年七〜九月、沖縄を除く日本列島全域、一九八一（昭和五六）年八月〜九月中旬、一九八二（昭和五七）年六月下旬〜九月中旬、関東甲信から北日本、一九八三（昭和五八）年六〜七月、甲信以北、一九八八（昭和六三）年七〜一〇月、中部〜東北と、比較的冷害が多発し、特に一九八〇年代前半には毎年のように発生しています。

このように並べてみますと、日本列島での冷害の発生頻度は決して少なくはありません。しかしその程度が小さかったこと、また行政が食糧不足を起こさないように努力、調整をしたおかげで、一般国民の記憶には冷害は残っていないようです。しかし、冷害も地震や火山と同じようにいつかは必ず起こるとの認識は必要です。

6・11　酷暑

酷暑も六件（一・五パーセント）記録されています。酷暑は気温が三五℃以上の暑さで使われています。干害、冷害、酷暑を含めると三二件で気象災害全体の八・三パーセントになります。熱中症を発症する人が多くなり、緊急搬送のニュースがしばしば話題になる気象災害です。一二年に一度ぐらいの割合で、対流圏に原因のあるこのような長期的異常と言える気象災害が発生していることになります。

一九九八（平成一〇）年七月三～五日、停滞した高気圧の影響で酷暑となり関東地方では、死者六人の犠牲が出ています。二〇〇四（平成一六）年七月一日から八月二二日の長期間、九州・中国・近畿～北海道の広い地域で酷暑が続き。死者一一人の犠牲が出ています。二〇〇五（平成一七）年八月三～五日、北陸・関東・東北で酷暑、五人の死者・行方不明者が出ています。二〇〇六（平成一八）年七月一三～一五日、九州・東海・北陸・関東で酷暑、死者・行方不明者五人と二一世紀に入りすぐ、三年続けて酷暑が発生しています。

現代日本では気温が高いと熱中症を心配して、注意が喚起されます。季節病の花粉症も同様ですが、昭和時代に熱中症が話題になったことがあったのでしょうか。私には一人一人が日常の健康管理に気を付けていれば、季節による病は避けられると思うのですがいかがでしょうか。ときどきは自分の健康管理や日常生活を振り返ることが、気象災害への対処の一つの方法でしょう。

酷暑が話題になるとすぐ地球の温暖化と結びつける議論がなされます。気温の高い現象を即地球温暖化と断定するのは時期尚早と私は考えます。周期の長い変動現象を確実視するには時間が必要です。

6・12 火災

火災は強風が原因で、広い範囲に延焼した時に気象災害として発生します。

一九二四（昭和九）年三月二一日、北海道函館市の大火では焼死者二〇一五人、焼失家屋一万一一〇二棟の被害が発生しています。一九四〇（昭和一五）年一月一五日、静岡県静岡市では五一二一棟が焼失しています。一九四七（昭和二二）年四月二〇日、長野県飯田市では焼失家屋は三九八四棟でした。一九四九（昭和二四）年二月二〇日、秋田県能代市では死者三人、家屋の被害一四一四棟です。一九五二（昭和二七）年四月一七日、鳥取県鳥取市の火災では死者二人、焼失家屋五二二八棟、山林焼失五〇ヘクタールの被害が出ています。

一九八三（昭和五八）年四月二四〜二八日、東北で山林火災が発生しました。死者一人、焼失家屋一一八棟、船舶焼失六六隻、山林焼失八六八五ヘクタールの被害が出ました。一九九〇年以降、二一世紀の今日まで、気象災害としての大火の記載はありませんが、二〇一六(平成二八)年一二月二二日、新潟県糸魚川市で「糸魚川市駅北大火」が発生し、一四七棟の家屋が被害(全焼一二〇棟、半焼五棟、部分焼二二棟など)をうけています。日本海を低気圧が通過しており、温かい南風が吹き、出火直後の一一時ごろには最大瞬間風速毎秒二七・二メートルを記録しています。

大火の原因のほとんどは人為的ミスの失火です。このようなミスは必ず起きますので、遭遇したらとにかく自分や家族の命は守るという意識が必要です。「火の用心」は何百年も言われ続けていますが、それでも火災はなくなりません。

6・13 そのほかの気象災害

気象災害の中で対流圏(大気圏)で発生している現象は、風・雨・雪が複合的に重なり合って起こるのがほとんどです。その原因は台風、低気圧、前線の通過です。さらに大気が不安定になった場合には乱気流、ひょう、あられ、濃霧、視界不良などが発生して、ときに大きな災害に発展することがあります。

一九六六(昭和四一)年三月五日、富士山上空でイギリスのBOAC機が「乱気流」に巻き込まれ墜落、一二四人が犠牲になり、気象災害とされています。

一九九二(平成四)年五月二〇~三〇日、九州から東北南部の広範囲で「ひょう、雷、竜巻」

の被害が発生しています。死者七人、住家全半壊一〇八棟の被害が出ています。一九九六（平成八）年七月一〜三日、関東から北海道で「ひょう・落雷」で、死者二人、住家全半壊六棟、浸水家屋二五四棟、さらに農業にも被害が発生しています。

「おもな気象災害」には掲載されていませんが、日本列島では一九三三年六月一五日、兵庫県香呂村（現在は姫路市北部）で鶏卵ほどの大きさのひょうが、およそ三〇分間降り続き、死者一〇人、重軽傷者一六四人、一五〇万平方メートルの畑では収穫期前の小麦が全滅するなど大きな被害が発生しました。地表面に雪のように堆積したひょうの厚さは一五センチから三〇センチでした。鶏卵大のひょうの落下速度は時速一〇〇キロに達し、直撃を受ければ死に至ることもあります。ひょうの発生時には雷、突風、竜巻などが同時に起こり、複合的に災害が発生します。

二〇〇五（平成一七）年七月二二日、千葉で「視程不良」で死者・行方不明者九人、船舶二隻の気象災害が発生しています。

一九五五（昭和三〇）年五月一一日、瀬戸内海に「濃霧」が発生しました。当時は瀬戸大橋開通前で、岡山―香川を結ぶ宇高連絡船が日本国有鉄道によって運航されていましたが、その連絡船の一隻である紫雲丸（一四八〇トン）が、大型貨車運搬船の第三宇高丸（一二八二トン）と衝突沈没する気象災害が起こりました。紫雲丸には島根県松江市に帰る修学旅行の小学校の児童、教員、そのほか三校の小学校の児童、教員ら合計一六八人が乗船しており、そのうち一〇八人が犠牲になったのです。ほかに船長他一名の乗員と乗客五八人の合計一六八人が犠牲になりました。当日の瀬戸内海は曇天で、濃霧警報が出ている中の事故でした。

一九八七（昭和六二）年八月四〜七日、中国・四国〜東北で、「雷雨」による災害が続出しました。海岸で落雷にあい六人が犠牲になっています。浸水家屋一七二五棟の被害も出ています。

地表で起こる気象災害では地すべり、土石流、なだれが発生しますが、その原因は降水や降雪がほとんどです。

一九七四（昭和四九）年四月二六日、山形県で融雪が原因で「山崩れ」が発生しています。死者一七人、住家全半壊二〇棟の被害が出ています。

一九八五（昭和六〇）年二月一五日、新潟で「地すべり」が発生し、死者・行方不明者一〇人、住家全半壊七棟、浸水家屋七二棟の被害が出ました。同年七月二六日、長野県長野市で「湯谷団地の地すべり」と呼ばれる災害が発生しました。死者・行方不明者二六人、住家全半壊六九棟、耕地にも被害が出ました。

長野では一九九七（平成八）年一二月六日、「土石流」が発生し、死者一四人、住家全壊二棟の気象災害が発生しています。

一九九五（平成七）年一月四日、低気圧に伴って長野で「雪崩」が発生し六人が犠牲に、「強風」で千葉では住家六四棟が被害を受けました。

二〇〇六（平成一八）年四月八〜九日、岐阜県と長野県で「強風・雪崩」で死者・行方不明者一〇人の気象災害が発生しています。

二〇〇七（平成一九）年一一月一九～二三日、九州から北海道で「雪崩・強風・波浪・大雪」で死者五人の気象災害が発生しています。

このように発生した現象を時系列に並べるだけでも、いやになるほど気象災害に属する現象は起きているのです。私たちがそれに対処する方法は、「そのような自然現象が起きることがある」という程度には「敵を知っておく」ようにすれば、遭遇した時も対処の仕方を自ら探し出せるでしょう。そしてその時の究極の目標は「とにかく生き延びる」ことです。

6・14　ブリザードとホワイトアウト

日本列島の話ではありませんが、気象災害に関連して紹介しておきます。南極・昭和基地は日本が国家として海外に持つ地球物理学を中心にした観測所です。南極で生活している人にとって、最も注意しなければならないのがブリザードでありクレバスです。

クレバスは南極大陸の上にある氷床に生ずる氷の割れ目です。氷床は五万平方キロ以上の面積を覆う氷塊と定義され、地球上には南極氷床とグリーランド氷床とが存在します。平坦に見える氷床も、その下の地形の影響や氷床の移動によって、至る所に何条もの割れ目が生じています。クレバスです。深さが数十メートルのクレバスもあり、落ちたら助け出すことも不可能な場合があります。多くのクレバスは雪に隠され確認できません。そこで南極大陸内ではクレバスは最も恐ろしいもの、注意すべきものなのです。

ブリザードは「雪嵐」と訳されますが、最近はブリザードでも十分に通じるようになりました。ブリザードは北アメリカ大陸北東域で起こる降雪を伴った嵐がその語源だそうですが、現在では一般的に雪嵐の意味で使われているようです。もちろん南極では各国の基地で使用され国際共通語になっています。

昭和基地ではブリザードを以下のように定義しています。

A級　視程一〇〇メートル未満かつ風速毎秒二五メートル以上が六時間以上継続
B級　視程一キロメートル未満かつ風速毎秒一五メートル以上が一二時間以上継続
C級　視程一キロメートル未満かつ風速毎秒一〇メートル以上が六時間以上継続

ブリザードの定義には六時間以上継続と継続時間が考慮されていますが、激しいブリザードでは、風速は急激に変化し、降雪や飛雪で視界も悪くなりますので、大変危険です。ブリザードは視界が悪くなることがその特徴です。そこで昭和基地内ではA級ブリザードの時には、建物の外に出てはいけない外出禁止が原則です。

一九六〇年一〇月一〇日、昭和基地で越冬中の宇宙線科学者・福島伸さんは、ブリザードの最中でしたが、子犬に餌をやる係の隊員を手伝うため建物の外に出ました。子犬たちは建物から二〇〇メートルほど離れた海氷上につながれていました。ちろんその時の視界は二〇〇～三〇〇メートルはあったようです。餌をやり帰路に就いた時に強風が吹き出し視界はゼロになってしまいました。二人は建物から一〇〇メートルほどのところの露岩まではたどり着きましたが、そこで完全に方向感覚を失ったようです。一人は建物にたどり着きましたが、福島さんは不帰の客となり、その遺体は八年後に西に四キロほど離れた露岩上で発見されました（『あしたの南極学』五八頁参照）。一九五六年からの日本南極地域観測隊の活動の中で、隊員の唯一の死亡事故です。その事故もブリザードの中で起こったのです。

ホワイトアウトも私は日本では未経験で、言葉としても使ったこともなく、昭和基地に越冬していて、ようやくその現象を理解できました。ホワイトアウトは曇天の雪原などで雪面での乱反射で、風景の印影が無くなり距離や方向などが不明になる現象です。

昭和基地で初めて越冬していたある日曜日、六～七キロ離れたところの氷山を調査しておこうと、雪上車で基地を出発することになりました。同行者は私よりも基地での仕事が多く、雪上車の運転には慣れていない人が、私になら気兼ねなく運転したいと言えるので、嬉しそうに運転して二人で海氷上を出かけました。出発した時は、曇天ながら周辺の景色はよく見えていました。何の障害もない海氷上です。助手席の私もついうとうとしていました。目を覚ますとなんとなく雪上車の様子がおかしいのです。急いでストップさせ外を見ると、無いはずの坂道を雪上車は登りはじめていました。

海氷上に小さな丘のように顔を出していた氷山を登りはじめていたのです。坂道も広くなく、もう一〇メートルも進めば崖で、雪上車は転落するところでした。雪面での乱反射、つまり典型的なホワイトアウトで氷山の存在や坂道になっていることにも気が付かなかったのです。私たちは予定を変え、往路の雪上車の跡を慎重に進み、無事基地に戻れました。

ダウンバーストの項でふれたように、南極で墜落した大型ジェット機も、ホワイトアウトで航空路を誤りエレバス山中腹に撃突したとの結論が出ました。

ホワイトアウトの現象は静かに出現しますが、時には気象災害の原因、要因になるのです。

ホワイトアウトは乱反射で方向や距離が分からなくなる場合のほか、吹雪で視界が悪い時にも使われると英和辞書にはあります。そして、日本のテレビのリポーターの中には、豪雪の際など、しきりに「ホワイトアウト」を連発する人がいます。英和辞書を見る限り間違いではないのでしょう。しかし、私は違和感を覚えます。南極では英語圏の人たちが猛吹雪を「ホワイトアウト」というのを聞いた経験がありません。ブリザード時の降雪、飛雪で視界が悪い時は「視界〇（ノービジビリティ）」という人が多かったようです。日本のレポーターの人たちはあまり考えず、響きが良いので「恰好が良い」と考えて使っているのでしょう。

6・15 避難生活

地震と異なり気象災害の多くは予報、予測が可能です。そこでどんな現象が起こるかを理解したら、次に各自治体で作成されているハザードマップを確認することです。ハザードマップには地震、津波、火山噴火などとともに、気象災害に備えた洪水、内水、崖崩れ、地すべりなどの危険個所が示されています。

地震の場合の避難の基本は、地震によって住む家が壊れ、住むことができなくなったので、とりあえず避難所に行き生活するというように、災害が発生した後の避難行動であるのに対し、気象災害での避難行動は災害が発生する前に、命を守るための避難行動である点が異なります。同じ避難行動、避難生活とは言っても、地震災害と気象災害では目的は大きく異なります。もちろん気象災害でも、避難している間に、自宅が被災して居住できなくなり、避難所生活を継続する場合があるでしょう。でもその場合も、最初の避難によって命は守られたのです。まず気象災害に対する避難の第一の目的は達成したのです。

最初の避難行動と被災後の避難行動は二段階あり、それぞれの準備は異なることが多いのです。第一の目的は臨時の避難、自宅にいては危険だという理由で安全な場所に移動して命を守ることです。第二の目的は被災して自宅に住めないので避難所で生活することで、避難生活は長期になることもあるのです。

このように避難行動とは言っても、違いがあることを前提に、普段からそれぞれ備えることが大切です。

一口メモ　能登半島の地震活動

二〇二二年六月に発生した石川県能登半島付近の地震は、注目すべき地震ではないかと考え、横浜市のNPO法人都市防災研究会のニュースレターで解説しました。その内容を若干加筆、修正して掲載します。

＊

二〇二二年六月一九日一五時〇八分、石川県能登半島先端付近を震源とする地震が発生し、珠洲市で最大震度6弱が観測された。震源の深さは一三キロ、M（マグニチュード）5・4、の中地震で、数人の負傷者と神社の鳥居の倒壊などの被害が出た。気象庁は「一週間程度は同程度の地震が起こる」と注意を呼びかけた。いつもの私だと、このような説明は正確でないと不快を感じていた。二〇一六年の熊本地震以来、気象庁は余震という言葉を使わず、したがって本震－余震型と呼ばれている地震発生形態を認めないような発表を繰り返すようになっていたからである（『あしたの地震学』二一五頁参照）。

しかし、気象庁の発表では、震源地周辺では二〇二〇年一二月から地震活動が活発化して、二〇二二年六月一九日（この地震が起こる直前）までのおよそ一年六カ月の間に震度1以上の地震が一四八回発生しているという。それでは、「同程度の地震」が起こる可能性は十分あるなと考えた。おそらく熊本地震以来、初めての気象庁の地震発生後の正しい予測発表だったろう。

気象庁の「同程度の地震」は二四時間もしないうちに発生した。六月二〇日一〇時三一分にM5・0、深さ一四キロ、最大震度5強（珠洲市）の中地震が、一九日の地震の震源とは五キロほど離れて発生した。珍しく（私が知る限り二〇一六年以来初めて）気象庁の予想が的中した。気象庁が正しい予測発表ができたのは、能登半島付近の地震活動の活発化を正しく認識していたからである。二〇二一年九月一六日にも最大震度5弱、M5・1の地震が起きているので、一連の地震活動で起きたM5以上の地震は三回になる。したがって現在までのところこの地震活動は「三回のM5クラスの地震を主震群とする群発地震活動」と呼べるだろうと考えている。

報道によれば東京大学地震研究所の研究者が「群発地震」と明言していたので、彼らは早い時期から、この活動を群発地震ととらえていたのであろう。しかし私は、「群発地震」と呼べるかどうか躊躇していた。地震学ではまだ群発地震の定義は決められていない、というよりも決められないでいる。結局は研究者の長年培った経験による「勘」で決めることになる。日別地震回数のグラフや震央分布、発生している地震の記録を直接見ることによってその判断は下せるが、そのような情報を全く持たない現在の私は躊躇したのである。しかし報道で実情を理解し、群発地震と呼んでよいと考えるようになった。

能登半島での地震活動が群発地震と判断した研究者の口から、マスメディアに「松代群発地震（通称は松代地震）」が語られるようになった（3・9参照）。松代群発地震は一九六五年八月三日にはじまり一九六七年五月頃までは活発な活動が続いた。それでも一九六七年六月ごろからは一日の地震発生数は数回と、その活動は著しく衰退し一九七〇年末まで続いた。約五年間に松代で観測された有感地震の総数は六万二八二一回、そのうち体感で決めた最大震度5が九回発生している。発生した地震の最大地震はM5・4で全期間内に二回観測されている（『あしたの地震学』一〇〇頁参照）。

発生している地震のほとんどがM3以上5未満の小地震で、気象庁の観測網では震源決定ができないので、東京大学地震研究所は臨時に観測網を設置し、小地震、微小地震、さらにM1以下の極微小地震の観測を継続し、地震が発生している領域の地震活動の推移を追跡した。全壊家屋は全期間で一〇棟だったが、地域の防災努力で死者や火災による被害は一件も生じなかった。

群発地震は火山地帯で発生することが多い。活火山でない松代では、この活動は多くの研究者を悩ませた。地殻変動、地磁気、地電流、重力変化、発光現象などについて、詳細な観測や調査がなされ、その原因が考えられた。震源域の皆神山付近で多量の湧水が出たことから「水噴火」と表現した研究者もいた。しかし、完全な原因究明には至っていない。

能登半島周辺の地震活動を「群発地震」と解釈した研究者の中に、松代地震に気が付いた人がいた。私世代の地震研究者にとって、松代地震は半世紀以上前とはいえ、最近の出来事と考える人が多いのではないだろうか。少なくとも私はそう考えているが、それだけインパクトのあった地震現象だった。

しかし、現在地震学の最前線にいる研究者の多くは松代地震のころに生まれたか、それより後に生まれたかで、「松代地震は歴史的な出来事の一つ」に過ぎないのである。当時の研究者たちが、どれだけ心血を注いで原因解明に努力したかまでは思いが至らないようだ。

そんな中で、能登半島付近で起きている地盤の隆起について、新しい見解が報道された。現在の地球物理学では地下に沈み込むプレートに含まれる水に注目が集まっている。

火山学では地下に沈み込んだプレートから染み出した水によって高温のマグマが創出されると考えられている。能登半島で起きている地盤の隆起現象も、染み出した水が上昇し岩盤を圧迫した結果であろうと考えられるようになった。能登半島の場合はフィリピン海プレートが沈み込んでいる。染み出している水の層の存在は地電流の測定から予測されるようになった。水を含んだ地層は電気を通しやすいのである。群発地震の原因が水だと考えられるようになったのは松代地震時代から進歩したアプローチである。

そこまで観測で突き止めたのだから、なぜもう一歩進めないのかが、私には不満である。水が原因として、いきなりM3以上の地震が起こるわけではないだろう。染み出した水は岩盤の中に入ると、微小地震や極微小地震が起こりはじめ、小地震や中地震の発生につながると予想される。その初期段階の微小地震や極微小地震は現在の気象庁の観測網では観測できない。「水の流出」⇒「極微小及び微小地震の発生」が調べられない観測の空白領域が存在し、群発地震発生のメカニズムの未解明の部分へのアプローチがなされていないのである。

微小地震を観測するためには、倍率の高い地震計を震源地域を中心に数台設置した観測網が必要である。あるいはどこかの大学が、このような観測をすでに実施しているかもしれない。しかし、どの大学もやっていないなら、研究者たちの怠慢といえる。東京大学地震研究所、名古屋大学、京都大学防災研究所にはこのような臨時の観測に備えた移動観測班が組織されていたはずだが、現在は無いのだろうか。地元金沢大学にも地球科学の学科はあるので、観測をやる気があれば、それぞれの機関と協力してできるはずだ。

五〇年前、多くの研究者が日本各地から松代に集まってきたが、現在はその熱気はなさそうである。私はディジタルデータのみに慣れた研究者たちが、自ら観測して新しい知見を得ようとする姿勢がないのではと心配する。「地球の息吹」を感じながら研究を進めようとする研究者が極めて少ないのだ。これは松代地震時代に比べれば大きな退化と言える。私にはかなり大きな退化に見える。医師がX線写真、CT、MRIなどのデータだけを信じ、聴診器で患者の心音を聞くことをしないで、つまり患者に接したり、触れたりすることなく病気を診断するのと同じである。

政府の地震調査委員会は六月二〇日に開催され、今後の見通しが発表された。新聞報道では「(この地震活動は)少なくとも数カ月は続くと考えている。同じような強い揺れが来ると考え備えて欲しい」という趣旨のコメントだった。五〇年前の松代地震と変わらない。発生している現象に対し、地震学は相変わらず明確な解釈が下せないのである。五〇年前と同じ学問的な限界が存在しているのだ。したがって、天気予報とは異なり学問的な未来予測の方程式は地震学では確立されていないので、調査委員会でも各委員のそれまでの経験をもとに、それぞれの勘で、数日、数週間、数カ月などと発表するのである。

すでに群発地震がはじまって一年半が過ぎている。全体で二年以内に収束する現象であって欲しいと願っているが、そうなる確証はない。単なる私の個人的な願望である。

気になるのは気象庁がこれまでも「群発地震」という言葉を使わないのか、使うのをためらうのか、説明しないのである。二〇一六年の熊本地震でも、明らかな群発地震を、余震と解釈して、大きな誤りを犯した。二〇〇四年一〇月の「新潟県中越地震」では、あるテレビ局に出た私が「この地震はM6クラスの五個の中地震を主震群とする群発地震と考えるのがよい」と解説した。その時の司会者が、後日気象庁によく出入りしている地震研究者に、「中越地震は群発地震ではないのか」と聞いたら、すごい剣幕で否定していた。気象庁内部には私の発言が意に沿わなかったのだなと感じた。

地震は自分で「群発地震だ」「本震‐余震型だ」と言って起こるのではない。研究者が発生した現象を解釈して、どんなタイプの地震かを決めるのである。

本震‐余震型なら、大体は一週間から一〇日間程度の余震活動で収束する。しかし、群発地震となると、その活動期間は長くなる。中越地震も活動期間は長かったので、私は自分の見解が正しかったと記憶している。

能登半島周辺での今回の地震活動も、すでに一年半続いているので、これから数日で収束する現象ではない可能性が高い。しかし今後どれくらい続くかは、「分からない」のが正解なのだ。五〇年が過ぎても松代地震時代と何も変わっていない。地震学が進歩していないのだ。その最大の理由は地球内部の圧力、温度、歪みなどの情報が三次元的に得られないからだ。これは地震学や火山学にとっては永遠の課題であり、致命的な課題なのだ。気象学では天気予報を出す「場」、つまり地球表面の気圧や温度、風などのデータは三次元的に容易に得られ、天気図が作成されている。しかし地震学では天気図に相当するような図は得られていないので、未来予測ができない、つまり地震予知ができないのである。

二〇〇七年三月二五日に発生した「能登半島地震」（M6・9）では一名の死者が出た。地震に驚いて庭に飛び出し、石灯篭にしがみつき、ともに倒れ下敷きになって亡くなった女性がいた。自身周辺の地震環境に注意していれば防げた被害だった。しかし、今回の地震対策でも、このようなことに注意を促す気象庁や識者の発言はなかった。私の提唱している抗震力には地震環境を知ることの重要性が含まれている。

第7章　危機管理

7・1　一〇〇〇年に一度の現象への対応

二〇世紀後半ごろから地震や火山噴火に対して「一〇〇〇年に一度の大地震」、「一〇〇〇年に一度の大噴火」という言葉が使われるようになりました。モーメントマグニチュードが導入され、一九六〇年の日本では「チリ地震津波」と呼ばれているチリ地震のマグニチュードが9・5と決められたころから、一〇〇〇年に一度ぐらいの割合で、日本でも同じような地震が発生すると言われ出しました。そして八六九（貞観一一）年の「貞観の三陸沖津波」が一〇〇〇年に一度程度の割合で起こる超巨大地震（M9クラスの意）だとされていました。

注意してみるとすでに述べたように一九五〇年代から二〇〇〇年までの五〇年間に、太平洋を取り囲む環太平洋地震帯ではチリ地震のほか、カムチャッカ地震（一九五二）、アリューシャン地震（一九五七）、アラスカ地震（一九六四）と四回の超巨大地震が起こり、二〇〇四年にはインドネシアでスマトラ地震が発生しています。スマトラ地震で発生した津波は、インド洋を伝搬し、死者二三万人の大きな被害をもたらしました。津波こそ「インド洋津波」と呼ばれていますが、環太平洋地震帯で発生した地震です。二〇世紀後半から二一世紀にかけてのほぼ五〇年間に五回のM9クラスの地震が発生していました。

ですからいずれは日本列島沿岸でも同じような超巨大地震が発生するとほとんどの地震研究者は考えていたと思いますし、私もそう考えていました。ただいずれ起こるだろうが、自分はその悲惨さを見たくないので、なるべく先に、私がこの世からいなくなってから起きてくれと願っていました。しかし、貞観地震から一一四二年後の二〇一一年三月一一日、東北地方太平洋沖地震(東日本大震災)が発生してしまいました。

一九九五年一月一七日に兵庫県南部地震が発生した後、西日本の一部の地震研究者は「大地震が切迫している」と警告をはじめました。南海トラフ沿いの巨大地震あるいは超巨大地震を指していることは明らかでした。二一世紀に入っても「大地震は切迫している」と言い続けられ、その発言に追従する人たちも出てきました。私はその発言を二〇一一年三月になっても聞いていました。

ところが二〇一一年三月一一日に東日本大震災が発生すると、彼らは何のためらいもなく一斉に「想定外」を言い出しました。大地震切迫を啓蒙していた人たちは一九五〇年代から発生した五回の超巨大地震をどう解釈していたのか、日本列島付近、あるいは三陸沖は別だと考えていたのか、地震研究者としての発言とは思えない、極めて近視眼的な言動でした。

同じようなことは火山でもあります。二一世紀に入り、富士山の宝永の噴火から三〇〇年が経過したから、噴火の可能性があるので注意するようにと複数の火山研究者が発言しました。また別に、新しい調査から、八六四（貞観六）～八六六（貞観八）年の噴火で噴出した溶岩流は、これまで知られていた量よりはるかに多く、富士山の北東側でこのような噴火が起これば、溶岩流は神奈川県に達すると発表され、地元自治体を慌てさせました。富士山の「貞観噴火」の溶岩は「青木ヶ原溶岩流」と呼ばれ、富士五湖を創出し、その上に回復した植生が現在の樹海です。

一〇〇〇年に一度程度の大規模噴火が起これば、溶岩流は神奈川県に達するというのですから、溶岩が流れてくると指摘された地域の住民は驚いたことでしょう。

一般に警告されているように次の富士山の噴火は一〇〇〇年に一度の大規模噴火としましょう。噴火することは間違いないが、いつ噴火するかは分かりません。そんなとき行政や住民はどうしたらよいのでしょうか。少なくとも行政は大量に降るであろう降灰対策だけは考えておかないと、都市機能、特に首都圏の交通機能は長期間麻痺する可能性があります。名案があるかどうかは別として、噴火すれば必ず発生する多量の降灰の処理だけは、地元はもちろん、西風によって火山灰の堆積が予想される首都圏南部の都県は検討しておかなければなりません。

溶岩流に対しては流れ出してしばらくすれば、様子が分かるので、流れを変えるとか、止めるとかの対策はとれるでしょう。神奈川県への溶岩流入は注目を集めるニュースではあっても、行政が対策をとれる課題です。

静岡県や山梨県の住民はハザードマップに従って、発生する被害を想定しながら避難するのがベストであり他に方法はないでしょう。

火山弾の直撃や火砕流の襲来を受けない限り、たとえ一〇〇〇年に一度の大噴火に遭遇しても、命を失う危険性はそれほど多くはないでしょう。富士山が噴火をしても命を失うことがないようにするにはどうしたらよいか、住民はそれだけを考えるのがベストでしょう。命さえあれば、あとは何とかなるのです。「一〇〇〇年に一度の大噴火」という言葉に惑わされることなく、ハザードマップを見ながら、どうしたら危険を避け、命を失うことがないようにできるか、これを考えるのが富士山ばかりでなく、他の火山の噴火に対して個人的にできる最良の対策です。ただし、火山噴火の場合には噴火が終わった後でも、上空へ大量の噴出物が放出された噴火では、第5章で述べてきたようにまだ冷害発生の可能性も残っています。そうしたことも考えながら対策を検討する必要があるでしょう。

火山噴火に遭遇しても、自分も家族も絶対に死なないように対処する、どうすればそれが可能か、対象となる火山のハザードマップを眺めながら家族でたまには考えましょう。そして互いにどのような行動をとるべきか、その対応策を家族で共有しておけば、噴火直後に大火砕流が発生したというような特別な場合を除きほとんどの対応策が実行可能だと思います。たとえ一〇〇〇年に一度と言われる大規模噴火に対する対策でも、個人でできるのはこれ以外にないというのが私の結論です。

ではその他の一〇〇〇年に一度の自然災害にはどう対処したらよいでしょうか。例えば超巨大地震にはどう対処すべきでしょうか。究極の地震対策として抗震力を提唱しています（『あしたの地震学』二三九頁参照）。

抗震力はシミュレーション、壊れても潰れない家、居間や寝室の安全確保、家屋の建つ地盤、そのほかの地震環境、津波、正しい地震の知識の七項目を設け、それぞれに、ある程度の知識や対応を求めています。「正しい地震知識」などと言うと、「小難しい理屈は聞きたくない」と拒否反応が起こりそうです。しかし地震は自然現象です。一覧表に出ている程度の知識を持つことによって、地震が起きてもあわてないで済みます。

例えば、「地震を感じて一分経過したら大丈夫」という格言があります。それは地震波にはタテ波とヨコ波があり、地震を感じている場所での大きな破壊はヨコ波で起きます。タテ波が到着し、地震と感じて一分経過しても、大揺れが来ないということは、その地震が大揺れを起こすような地震ではなかったか、あるいは遠方に起こった地震であるから、その後にヨコ波が到着しても、建物を壊すような揺れにはならないと判断できるのです。地震に対し、こんな知識を持っていれば、大地震に遭遇しても、適切に対応ができ、命を失うことはないでしょう。

抗震力で重視しているのは、ときどき、時間や場所を選ばず、今地震が発生したらどう行動するかを、考えることです。車を運転中、通勤電車の中、自宅で入浴中、など気が付いた時に、考えるのです。その考えに正解はないでしょうが、そのような知的トレーニングの積み重ねが、いざというときに、命が守れるのです。

二〇二一年一〇月、東京や神奈川で久しぶりに震度5強、弱を記録した地震では、報道によると家具の転倒でけがをした人がいたようです。一九九五年の阪神・淡路大震災以後を考えても、家具の固定は地震対策の基本中の基本とされていましたが、まだ防止対策をしていない人がいるのかと驚きました。したがって、自宅にいて地震が起きればどうなるかをシミュレーションすることにより、家具が固定していないことを洗い出せるのです。固定をしないまま過ごすなら、それでもよいと思います。ただその場合は、大地震に遭遇すれば、この家具は倒壊する可能性があるから、この部屋からはすぐ逃げようなどと考えるようになるのです。

地震発生時、どんなことが発生するかを考えれば、つまり「敵（地震）」を知れば素早い対応がとれるのです。頭のトレーニングですから、費用は掛かりません。大地震に必ず遭遇するなら、お金をかけても、万全の備えをするのもよいでしょう。大金をかけて耐震構造の家にしたところで、その家に住んでいる間に、大地震に遭遇する割合は、極めて低いのです。ときどき考えることにより、命を失うことのない行動がとれるでしょう。

二〇世紀の間、地震が起きたら「火を消せ」は、大正関東地震での経験からの大格言でした。しかし、「火」に対する地震環境は大幅に改善されました。多くの場合、都市ガスは地震を感じれば自動的に元栓が閉じられ、感震センサーで自動的にブレーカーが落ち、電気が止まるようになってきています。転倒した石油ストーブも自動的に消火されます。自分周辺の地震環境も変化しているのです。

地震対策は多岐にわたるので、「抗震力」としてまとめました。ときどき自分自身の抗震力を確かめ、いつ起こるか、あるいは一生遭遇することがないかもしれない大地震に対処し、絶対に自分も家族も命を落とすことがないように対処しておくのが、究極の地震対策です。

個人ができる地震対策は中地震でも、大地震でも、巨大地震でも、超巨大地震でも同じです。震度7の揺れに耐える家、自分の日常生活圏内の地震環境を知るのが基本です。大きな地震では震度7で揺れる時間が長いだけです。長時間揺れるのでそれだけ破壊が大きくなるのです。したがって木造で戸建ての家屋では耐震構造にしていても、時間の経過による劣化もあり、壊れることもあるでしょう。しかし、多少は壊れても潰れなければ家の中で命を失うことはないでしょう。抗震力で「壊れても潰れない家」を強調する理由です。

超巨大地震に対しても個人の対策は、とにかく「自分も家族も地震で死ななければよい」と考え、地震発生時の行動を、たまには考えておくことです。個人的にできる対策はそれだけです。

このように書くとあおるようなメディアの影響を受けた心配症の人からは、「一〇〇〇年に一度と言っても、その地震は明日起こるかもしれない。もっときちんとした対策が必要」というような批判を受けるかもしれません。

我が家は耐震構造をしていない、耐震構造をしたが二〇年が過ぎているなどの心配を伴うかもしれません。しかし、ではあらためて耐震構造をしてその投資が役立つのかと考えると、地震が起きなければ全く無駄な投資になります。最近では家の中に備えられる比較的低額の木造のシェルターが開発されています。戸建てで老朽化した家に住み心配されている人には、役立つかもしれません。実状を考え設置すれば、安心の要素にはなるでしょう。自分が生きているうちに必ず発生するなら必要に応じたハード面の対策も立てられるでしょうし、できることはしておくべきです。しかしいくらメディアが書き立てても、学者が「切迫する」と騒ぎ立てても、起こらない時は起こらにのです。役に立つかどうかどうか分からないならば。ハード面への投資はできるだけ少なくして、ソフト面で生き延びることを考えたほうが実際的です。

新築のビルも、戸建て住宅も多くの場合一〇〇年もすれば建て替えの時期がくるでしょう。それでも地震は起きません。その繰り返しが続きます。それを理解した上で、安心できる強度、震度7に耐える耐震構造を維持続ける家に住もうとする人は、「最悪の事態に備えた危機管理が必要」という論理でしょうから、それは全く正しい主張です。そう考え実行する人、できる人に私は敬意を表しますが、多くの人はなかなか実行はできないでしょう。

個人で考える地震対策は、三〇年から五〇年先まででしょう。一〇〇年先の計画は一般的には個人では不要であり、できないでしょう。そして、その間に「一〇〇〇年に一度」の地震が起こる可能性は極めて低いのです。

東京大学地震研究所は一九二三年の大正関東地震を契機に一九二五年に発足し、建物は一九二七年に完成したと聞いています。安田講堂の裏にあった地下二階、地上二階の地震研究所の建物は工学部の教授が総力を結集して、どんな地震にも耐えるように設計されたようです。夏目漱石が地震研究所所員の寺田寅彦に「君の実験室を見せてくれ」と地下の実験室を訪れたのもその建物です。隣の化学教室の地下には「耐震家屋」と呼ばれた、精密器械を置く部屋もありました。

しかし、これらの建物は東京大学構内の再開発で、一九八〇年代前後にはすべて撤去されました。第二次世界大戦の戦災は経験しましたが、空襲を受けることはありませんでした。せっかくの耐震構造も地震には遭遇することもなく、したがってその強度を示す機会もなく、五〇年前後使用されて、撤去されたのです。耐震家屋の撤去の現場を見ましたが、煉瓦とコンクリートでがっしりと固められた基礎と壁で、撤去する業者がその強度に驚いていたと聞きました。

それほどの対策を考慮した建物ですが、地震には遭遇せずその実力を発揮することはありませんでした。人間の寿命で建てた建物にとっては、地球の寿命で起こる巨大地震や大規模噴火の時間間隔は長すぎるのです。いくら立派な対策をした建物でも、地震や噴火に遭遇しなければ、まったくの無駄な投資にもなるのです。無駄になることも承知で大きな投資をするか、その弱点を知って、いざというときの対策を立てるというソフトな対応にするかは議論が分かれるところですが、少なくとも個人レベルでは、私はソフトな対応がよいと考えています。

「二〇〇〇年に一度」の超巨大地震の予想される震源域は、日本では太平洋岸の沖合です。沿岸までの距離は一〇〇キロ以上あります。日本列島内陸域では「直下型地震（内陸で起こる地震）は発生しても超巨大地震が発生する可能性は無い」と断言してもよいでしょう。日本列島内には超巨大地震を発生させる長さ二〇〇キロ、三〇〇キロの活断層は認められていないのです。

一八九一年の濃尾地震（M8・0）が史上唯一の列島内での巨大地震です。一九九五年に発生した死者六千余人の「兵庫県南部地震」（M7・3）も、一九四八年の死者四〇〇〇人弱だった「福井地震」（M7・1）もM7クラスの大地震なのです。太平洋岸の沖合で超巨大地震が発生しても日本列島内で震度5～6の大きな揺れを記録する地域は広いですが、震度7を記録する地域はほとんどありません。

このような事実は東北地方太平洋沖地震でも明らかです。東北地方太平洋沿岸地域の震度はほとんど震度6（強弱）でした。宮城県栗原市では唯一震度7を記録しましたが、市内では倒壊した家はないと報じられていました。同市は二〇〇八年に起きた「岩手・宮城内陸地震」（M7・2）でも震度7を記録しており、たまたま地盤の弱い揺れの大きな場所に震度計が設置されているのだろうと推定されます。

すると日本列島では超巨大地震の発生で最も恐ろしいのは、やはり津波です。津波対策のほとんどは行政の仕事になるかもしれませんが、個人的には、どこにどのようにして逃げるか日ごろから家族で考えておくことです。地形で高台が遠い地域では、行政は「津波避難ビル」を指定してあるはずです。その場所は覚えておく必要があるでしょう。

自分自身が遭遇するかどうか分からない大地震ですが、発生したら何が起こるか、それにどう対処するかは、せめて毎年九月一日の防災の日には家族で考え、互いに知識を共有しておいて欲しいです。たとえ運が悪く一〇〇〇年に一度の超巨大地震に遭遇しても、日常のそのような行動が自分自身の、また家族の命を守るのです。地震の知識を共有しようとする家庭環境で育った子供が、老年になって大地震に遭遇したとして「そういえばおじいちゃんやおばあちゃんから地震の時は死なないように普段から考えなさいと言われていた」などと思い出したとしたら、孫への最高の地震教育をしていたことになります。抗震力は費用のかからない地震対策です。しかも超巨大地震にもM4クラスの小地震にも適用できるのです。

「一〇〇〇年に一度」の地震や火山噴火の個人できる対策は、どうしたら「自分自身も家族も生き延びる」かを考えておくことだけでも十分です。

7・2　日本海溝・千島海溝地震、南西諸島海溝の地震

日本海溝や千島海溝付近の超巨大地震については3・3でふれましたが、本節で再度考えます。日本海溝でM9・1の地震が冬の深夜に発生したとすれば、最悪で死者一九万九〇〇〇人、経済損失は三一兆三〇〇〇億円、千島海溝でM9・3の地震で死者は最大一〇万人と試算され、巨大津波が北海道から岩手県の太平洋沿岸に押し寄せるとさました。ともに事前に何らかの情報が発

せられていれば、死者の数は一万人程度に減らせるとして、対策の必要性が指摘されていました。

このような指摘に答える形で、二〇二二年三月、国の中央防災会議の作業部会は防災対策をまとめた報告書を公表しました。それによると想定震源域や周辺でM7以上の地震が発生した場合、後に起こりうる「M9クラスの巨大地震」（私はこの表現を「M8の巨大地震やM9の超巨大地震」としておきます）に関して、気象庁にたいし住民に注意を促す情報を出すように求めました（朝日新聞、二〇二二年三月二三日、朝刊、東京版）。

千島海溝や日本海溝付近では数年に一度の割合でM7クラスの地震が発生しています。二〇一一年の東日本大震災の時も、二日前の三月九日一一時四五分に牡鹿半島東約一六〇キロの地点でM7・3の地震が発生しました。その直後の一一時五七分に前の地震の震源域の近くでM6・3の地震が発生し、さらに一時間以内に三回の地震が発生しています。そして翌一〇日六時二四分には最大余震となるM6・8が発生、この時点で余震の数は三〇回に達し、完全に本震―余震型の地震と解釈されていました。

宮城県沖では文部科学省の地震調査研究推進本部が実施している長期評価予測で、三〇年間の発生確率九九％という高い確率でM7クラスの地震が発生するとされていました。そんな背景があるので九日の地震を、かねてから予測されていた地震が発生したと考える研究者がほとんどだったようです。ところが一一日にM9・0の超巨大地震が発生してしまったのです。すかさず研究者の中には九日の地震は「前震」だったと解説する人もいました。「前震」と考えるのは正しいと思いますが超巨大地震が発生した後、「前震があった」と言われても、それならなぜ本震を予想できなかったのかと聞きたくなりました。

一九六〇年代に日本で地震予知研究計画が発足したころは、前震が発生すれば大地震の予知が可能との考えがありました。地震活動がほとんどなかった地域に突然地震が発生します。それから数時間後、あるいは数日後に、その地震よりマグニチュードが1〜3程度大きな地震が発生することがありました。このような場合、最初に起きた地震を「前震」、後の地震を「本震」と呼び、さらに余震も起こりますから前震—本震—余震型活動と呼ばれました。したがって前震を観測することによって、次の本震の発生を予測できる、本震を予知できると考えられたのです。

しかし観測を続けていくうちに、地震活動のほとんどなかった地域に突然一つ地震が起きたからと言って、それに続いて大きな地震が発生すると判断することは大変難しいことが分かってきました。二〇一一年当時、前震を判断して、地震予知を可能にしようと考える研究者はほとんどいなかったでしょう。

作業部会は千島海溝・日本海溝付近でM7クラスの地震が発生後、巨大地震や超巨大地震が起きる頻度は一〇〇回に一回程度であるが「多くの人命救う防災対策に資する」と判断したといいます。表面的には全く異論のない見解です。ただ考えなければいけないことはM7が起こるたびに「近いうちにM8やM9の地震が発生する可能性があるから注意」というような趣旨の情報発信を気象庁が出して欲しいとの指摘です。

この想定震源域でのM7クラスの大地震は数年に一度程度の割合で起こることを前提での提言です。M7クラスの地震が起こるたびに、気象庁は「近いうちにM8かM9の地震が発生する可能性があるから注意せよ（あるいは「備えよ」）」という発表をすることになるのでしょうか。そのような情報を発したところで、その情報が役に立ち、実際に巨大地震や超巨大地震が発生するのは一〇〇回に一回程度なのです。

回数で言えば一〇〇回ですが、気象庁の注意した地震が発生する割合は最大の頻度でも二〇〇年に一回あるかどうか、実際は数百年から一〇〇〇年に一回程度の発生間隔になるのです。気象庁がどのような形で情報発信を行うかは分かりませんが、実際には現代の私たちには全く無関係、役に立たない情報になる可能性のほうが多いのです。不幸にして気象庁の情報通りに巨大地震が発生すれば指摘のように「多くの人命を救う防災対策」になることは間違いありません。しかし、幸いにして地震が起こらないで同じようなことが繰り返されれば、気象庁は「オオカミ少年」になってしまうのです。

さらに防災対策の中核は津波対策で、寒冷地の積雪時には避難に時間がかかるから、被害が想定される地域に「津波避難タワーや屋根付きの避難路をつくる、人口が少ない平野部では車での避難も検討が必要」と指摘しています。津波避難タワーは南海トラフ沿いの地震に対し建設が行われている地域があり、寒冷地に関係なく必要とされています。M7クラスの地震でも津波は発生しますから、その有効性は他の提言と比べればはるかに高いでしょう。また車での避難は地域の実状に応じて検討すべき課題です。しかし、屋根付き避難路となるとどんな場合を想定しているのか理解に苦しみます。

また「津波から逃れても低体温症で死亡するリスクが高まる人は最大約四万二〇〇〇人と試算されており、避難場所には暖房器具や防寒具、乾いた衣服、発熱剤入りの非常食を求めた」とあります。提言する人たちが何を考えているのか理解に苦しむ内容です。避難所開設にあたり行政が日ごろから準備しなければならない品物があります。逆に日ごろから個人が津波への備えとして準備しておくべきことがあります。その辺の整理をあいまいにして、避難所がまるでホテルのように何でも揃えなければならないと提言しているようで、気になります。基本は個人が自分や家族の身を守るために日ごろから備えるべきものがあるのです。

笑い出したくなるのが、わざわざ「発熱剤入りの非常食」と指摘したことです。私は駅弁でこのような品を食したことがありますが、非常食的なものがあるのでしょうか。知識のある人が思い付きで言ったことが、堂々と発表されてしまったようですが、賞味期限なども考えると極めて非現実的な提言です。現場を知らない人の発言でしょう。暖かいものが必要なら米と卓状コンロとガスボンベ、紙食器でも用意してあれば、当座の対応は十分できるはずです。

すでに述べましたように、個人の地震対策はM7でもM9でも同じです。抗震力を身に着けておけば、いざというときにも生き延びられる可能性が高いのです。生き延びるために身に着けてほしい知識と行動力です。

そして津波に対する最善の対策はとにかく高台に逃げることです。一〇メートルの防潮堤というハードな対策で備えていた岩手県宮古市田老や釜石市が、東日本大震災では大きな被害を受けたのに対し、「津波が来るから高台へ」という先祖伝来の教訓を守った岩手県田野畑村では、犠牲者の全人口に対する割合が周辺市町村の一〇パーセント程度だったことが、その事実を如実に物語っています。

津波はM7の地震でも発生しますが、M8、M9の地震ではその高さが異なります。M7の地震が起れば住民は避難を考えなければならないでしょう。そのたびにM7では津波の高さは一〇メートルぐらいかもしれないが、M9なら三〇メートルだから、その高さまで逃げなければと考えるように広報しておけばよいのです。

気象庁がいくら注意を促しても、同じことの繰り返しでは住民は慣れてしまい、M9に遭遇した時に役に立たない可能性があります。役立つかどうか分からない情報を流し続けるより、実際起きた時に、より大きな地震による津波の発生を啓蒙し、その対策を広報することが重要です。

対策は「一〇〇〇年に一度」の地震と同じで、抗震力を身に着けておくこと、そしてあれこれ考えずとにかく生き延びることです。

地震調査研究推進本部は日向灘や南西諸島海溝周辺の地震に関し三〇年以内の発生確率を公表しました。「日向灘ではマグニチュード（M）7・0〜7・5の地震が八〇パーセント程度、与那国島周辺では九〇パーセント以上の確率で起きるとした。M8程度の巨大地震も起きうるという」、「また海域の活断層として初めて、鳥取県沖から九州にかけての日本海南西部の長期評価も公表した。M7・0以上の地震が発生する確率は八～一三パーセントとした」(朝日新聞、二〇二二年三月二六日、朝刊、東京版)。

南西諸島では3・3でも述べましたが、一九一一年には巨大地震も発生しており、また一七七一年には明和の八重山津波も発生していて、南海トラフや日向灘などに比べれば、発生頻度は低いですが、大地震や津波と無関係な地域ではありません。

日本海南西部の活断層群の存在は、今回初めて指摘されたことと思います。日本海沿岸ではときどき、点々とM7クラスの地震が発生しています。その延長線上でとらえ、ときどき抗震力を考え身に着けておけば、いざというときには十分に対応可能です。

7・3　二二世紀問題

次の関東地震は二一五〇年ごろとの予測は、すでにいろいろな機会に発表しています(例えば『あしたの地震学』二〇二頁参照)。これは追跡できた過去四回の関東地震の発生間隔からの予測で、研究者たちの個人的な推測よりも信頼度は上と自負しています。

また近年五〇〇～六〇〇年間のデータでは、一九二三年の大正関東地震発生の二〇数年後の一九四四年に東南海地震、一九四六年に南海地震が発生し、同じように一七〇三年の元禄関東地震の四年後の一七〇七年に宝永地震、一四九五年の明応関東地震では三年後の一四九八年に明応の大地震がそれぞれ南海トラフ沿いで発生しています。関東地震は北上するフィリピン海プレートの北東端、南海トラフ沿いの地震は、伊豆半島をはさみその西側で起きています。短いと数年、長くても二〇年という短い期間内に、首都圏南部、中部、関西と日本の中枢地域が巨大地震に襲われたのです。

南海トラフ沿いの地震が過去三回と同じように、短い間隔で関東地震とペアで起こるとすれば、次の発生は二二世紀の後半の可能性が高いと予測されます。二二世紀の後半以降、数年から二〇年程度の時間間隔で首都圏と中部（名古屋）と関西が次々と巨大地震に襲われるのです。これを私は「二二世紀問題」と称し、対応をしなければと考えだしています（『あしたの地震学』一九八頁参照）。

現在リストアップされている南海トラフ沿いの地震は天武天皇の時代である六八四年から昭和時代の一九四六年まで、およそ一三〇〇年の間に九回あります。そこには二つの特徴があります。第一は南海トラフ沿いに発生した巨大地震の震源域は四国沖から駿河湾沖の東西六〇〇キロになります。その中で、東側と西側で二つの地震がペアで起きた例と、一回でだけの例があります。

史上最大の津波をもたらしたとされる一四九八年の明応地震は一回だけの例です。推定されているマグニチュードはM8・2〜8・4ですが、巨大地震であることは間違いありません。一七〇七年の宝永地震（M8・6）も同じです。この二つの地震は「一〇〇〇年に一度」かどうかはともかく超巨大地震の範疇に入る可能性がある地震です。

ところが一〇九六年に「永長の東海地震」（M8・0〜8・5）、二年二カ月の間を置いて一〇九八年には「康和の南海地震」（M8・0〜8・3）が発生しています。一八五四年の安政東海地震の三二時間後に安政南海地震が発生し、マグニチュードはともにM8・4でした。また一九四四年の東南海地震（M7・9）の二年後の一九四六年には南海地震M8・0が起きています。このように明確に二回起きたとされる地震は三回ですが、これらの地震はそれぞれ一組と考え、南海トラフ沿いの巨大地震は過去に九回発生したとされています。

通信網の発達していない時代、一日程度の時間差で起きた二つの地震情報が都に届くときには、両者が一つになっていた可能性もありますので、新しい史資料が出ない限り、現在はこれ以上の解釈はできません。少なくとも六〇〇キロの長い領域が破壊されるのですから、二度になることは十分に考えられます。

第二の特徴は、地震の発生間隔の変化です。七世紀から一四世紀ごろの三回の地震の発生間隔は二〇三年、二一二年、二六〇年といずれも二〇〇年間を超えています。これに対し、一四世紀以降では、その発生間隔が一〇〇〜一五〇年程度と短くなっているのです。発生間隔のパターンが変化したのなら、その理由も考えなければなりません。一四世紀以前はペアの地震は起こっていたが、古文書としては残っていないのかもしれません。

関東地震も南海トラフ沿いの地震も、フィリピン海プレートが日本列島の下に沈み込む過程で発生しています。関東地震の二〇〇〜二五〇年程度の発生間隔に対し、その西側では九〇〜一五〇年と短くなっています。その理由の解明も必要です。

このように解明すべき問題はありますが、今後の南海トラフ沿いの巨大地震が一五世紀以後の発生間隔と同じ九〇〜一五〇年程度で発生するとすれば、一九四五年前後の東海地震、南海地震から一〇〇年後、二一世紀の半ばから後半に次の巨大地震は発生するかもしれません。そしてその一〇〇年後の二二世紀後半に、再び発生する可能性があるのです。

この二二世紀後半、関東地震発生後に起こる南海トラフ沿いの地震が、二二世紀問題に直結する地震です。現在の日本人にとって、二一世紀後半に起こるかもしれない南海トラフ沿いの地震は大問題ですが、二二世紀の地震は全く関係ない、考えることすら無意味との意見もあるでしょう。

確かに日本の行政機関の思考方法では、長期計画と言っても三〇年程度で、五〇年先は考えないでしょう。しかし、巨大地震発生というような地球スケールの現象を相手にするときは、数世代先までを考える思考方法も必要です。

二二世紀後半は今から一五〇年ぐらい先の話です。では今から一五〇年前の日本はどうだったでしょうか。明治維新のころです。明治維新と聞いただけで関係ないと思われるかもしれませんが、日本の首都圏は世界でも例をみないプレート四枚が相接する地域に位置しているのです。そこで、繰り返し大地震や巨大地震が発生しています。先を見据えた対策を考える、あるいは考えなければいけない時代に来ているのではないでしょうか。

ちなみに安政東海地震、安政南海地震が発生した一八五四年は日米和親条約が結ばれた年で、アメリカからの使節としてのペリーの浦賀への来航はその前年でした。その翌年一八五五年一一月には安政の江戸地震（M7・0〜7・1）が発生しています。江戸庶民にとっては前年に関西で大地震があったニュースは知っていたでしょうから、江戸でも大騒ぎになったのです。私は、「地震、雷、火事、おやじ」と怖いものの筆頭に地震をあげるようになったのは、江戸っ子が安政の地震を経験してからではないかと想像しています。

実は同じようなことは二〇世紀にも起きていました。一九二三年の大正関東地震、一九四六年の東南海地震、一九四六年の南海地震が発生していました。さらに第二次世界大戦で国中が戦災を受けていました。一九四三〜一九四五年には昭和新山が出現した北海道・有珠山の噴火、一九四六年の桜島の昭和溶岩噴出の噴火が起こっています。日本がこの国難をようやく乗り越えたと言えるようになったのは、二〇年が経過した一九六四年の東京オリンピックごろからではないでしょうか。

日本は経験済みだから大丈夫と気楽に考える人がいるかもしれません。今日の日本の状況、世界の状況は、当然のことながら二〇世紀とは大きく異なります。一九九五年の阪神・淡路大震災では近代都市の脆弱を知らされました。列島を結ぶ高速交通網はさらに拡充された社会になっているでしょう。羽田、中部、関西と外国とを結ぶ国際空港はすべて埋め立て地の上に建設されています。震源地付近の太平洋沿岸には多くの国際港が並んでいます。すべては空と海からの外国との物流の拠点で、さらに重要度は増しているでしょう。

二一世紀のコロナ禍では、二〇世紀のインフルエンザで世界をリードしていた日本のワクチン開発や医薬品開発技術が全く機能していないことを知らされました。工業製品でも部品が入ってこないので、多くの産業が生産を減少させる対応をとらざるを得ませんでした。

二二世紀問題は決して先の問題と無視してよい問題ではありません。日本の宿命を理解し、日ごろから対応を考えておくべきことなのです。ことが起きてからの対処療法では日本は同じことの繰り返しをするだけです。

「義務教育での防災教育は重要」とかねてから主張していますが、実現はしていません。防災教育を通じ、日本人の災害に対する意識や教養を高めておくことが、自然災害が発生しても、国民一人ひとりが冷静に対処できる社会につながります。大きな災害が起きても、パニックにはならず国全体が守られるのです。

重要なのは学校教育です。義務教育期間はもちろん高校教育でも、組織的な防災教育をすべきです。それぞれ一年に一~二度でよいから自然災害に関する教育をすべきです。小学校で「右側通行」「横断歩道では手を挙げて」と言って交通ルールを教えるのと同じ調子でよいでしょう。「地震を感じたら机の下にもぐる」ことを教えるとともに、タテ波、ヨコ波の話をする、台風の襲来に備えて、あるいは局地的豪雨に備えて学校周辺の状況を考えさせる、近くの避難所を覚えさせるなど、大上段に構えなくとも、ちょっとした配慮で教育は可能です。

文科省は少なくとも義務教育期間にすべき防災教育のプログラムや副読本は準備すべきです。私も二〇年ぐらい前に地元の教育委員会に防災教育、地震教育の必要性を提言したことがありますが、関心は示されませんでした。

自然災害に関しても、義務教育の段階から正しい知識を与えておくのが、まさに「国民のため」なのです。防災教育、自然災害への対応を、義務教育の段階から教育しておく必要性を理解し、為政者には実行してもらいたいです。

そして少なくとも日本の将来を考えようとする人たちには、首都が一〇〇年に一度ぐらいの割合で大地震が起こる地域に立地していていいのか、遷都の必要はないのかなど、この二二世紀問題を、心に留めておいて欲しいと思います。

7・4　同じことの繰り返し

二〇二一年一〇月七日二二時四一分ごろ、東京、埼玉、神奈川、千葉の一都三県の一部が震度5の地震に襲われました。強いところでは震度5強、弱いところでも震度5弱、周辺の関東地方全域では震度4から3の揺れが観測されました。首都圏で震度5強・弱の揺れを感じたのは二〇一一年三月一一日の東北地方太平洋沖地震（M9・0）以来一〇年ぶりのことです。震源は千葉県北西部の地下七五キロ（発生直後のテレビでは八〇キロ）、M５・９の地震でした。

神奈川県中央に位置する我が家では、翌朝の新聞には間に合わず、八日の夕刊が大々的に地震のニュースを伝えていました。したがって地震に関する初期情報はすべてテレビのニュースやワイドショウで得ていました。

四都県で四三人の重軽傷者が出たという情報にまず驚かされました。震源の深さが七五キロ、つまり人間の住んでいるところから七五キロも離れて発生したM５・９の地震、多くの人にとっては一〇〇キロ以上離れたところで起きた中地震なのに、四〇人以上が負傷したのです。しかもその中には倒れてきた家具の下敷きになって怪我をした人がいました。「家具の固定」は地震対策の基本中の基本、近年の地震では阪神・淡路大震災、東日本大震災などを経て広報され続けていたはずです。

二〇一六年に発生した大阪府北部の地震（M６・１）では、大阪高槻市のブロック塀の倒壊により女子児童が死亡する悲劇も起きましたが、同じような注意が繰り返されていても、基本ルールが守られず、命まで失っているのです。ブロック塀の問題は一九七八年の「宮城県沖地震」（M７・４）の時、仙台市内で多量のブロック塀が倒れ、注意喚起がはじまっていたのですが、四〇年が経過してもまだ同じようなことが発生しているのです。

二〇〇九年八月一一日、駿河湾を震源とするM６・５の地震が起き、静岡市内で六軒の家屋が半壊し、負傷者三一九人の被害が出ました。そして死者一人が出ています。亡くなった人は本棚から飛び出した本に埋まり死亡したと報じられていました。この地震の前にも、本棚から飛び出した本に埋まり亡くなった人がいました。本棚が倒れなくても、扉の無い本棚では地震の際に本が飛び出すことはわかっていたはずです。人が死ぬほどの本の数ですから相当な冊数だったのでしょうが、不注意、前例の勉強不足で命を落としたことになります。

大きな地震でなくてもときどき報じられるのが、木造家屋住宅の二階に居て、地震が発生したので外に出ようと慌てて階段を降りようとして怪我をしたという人です。木造二階建ての場合、「一階は潰れても二階は大丈夫」は、地震の際の一つの格言です。知らなかったのか、知っていてもあわてたのか、とにかく同じような負傷者が繰り返し出ているのです。

ただし木造二階建ての家には注意が必要です。阪神・淡路大震災では木造二階建ての二階部分が壊れた家がかなりありました。それは一階部分の骨組みに軽量鉄骨が使われ、その上の二階部分が木造だったのです。このように、見た目には木造二階建てでも、二階部分が潰れる例もあるのです。木造二階建ての家に居住している人は、自宅の一階部分をもう一度点検してください。

いくつかの例を示しましたが、地震発生のたびに起こる災害は、多くの場合、同じことが繰り返されています。「天災は忘れたころにやってくる」のではなく、「人間は災害をすぐ忘れる」のです。

阪神・淡路大震災で被災された人たちも、東日本大震災で被災された人たちも、「震災を忘れないように語り継ごう」と努力されています。東京都では発災から一〇〇年近くになっても大正関東地震の慰霊祭を継続しています。それでも、大正関東地震の震源地に住む人が、先に述べた家具の転倒で怪我をしているのです。

私は大地震が発生するたびに発行される、週刊誌の特別号を一〜二冊は必ず読むようにしています。それぞれの地震でどんなことが起きたかを知り、それへの対処方針を考えたいからです。同じような被災の繰り返しだけは、個人個人の努力で軽減できるのです。

しかし、軽微の被害を含めれば、毎年のように地震が発生している日本でも、都市構造の変化に伴って、新しい型の被害が発生します。二〇二一年一〇月の地震では、都心部でマンホールから水道水が噴き出しました。水道管の破損ではなく構造上の問題だったようですが、地震発生直後から都内の道路が水浸しになったのです。私の記憶では初めての経験でした。

気象災害でも地震災害でも同じですが、都市構造の変化とともに、災害の形は変わってきます。日本海側の豪雪のたびごとに繰り返される、車の渋滞などもその例です。気象庁は首都圏には一〇センチの積雪が予想されると「大雪注意報」を出します。雪国では考えられない数センチの雪での、交通渋滞、人々の転倒事故などが繰り返されます。

車の雪対策も積雪が予想されるたびに、注意されます。確かに一年に一〜二度起こるかどうか分からない事象のために、冬用タイヤへの交換やチェーンの用意はしていないかもしれません。それならそんな日だけは車を使用しなければよいのです。それを、この程度なら大丈夫と自分に都合よい判断をして、事故につながるのです。自己中心で自然を知らない判断ミスの結果です。

積雪の少ない地域での雪対策は未経験のことが多いかもしれません。最初は気が付かないで被害が起きるのは仕方がないかもしれませんが、親から子への経験の伝達も必要でしょうし、何よりも個人個人が経験をを忘れず、同じことの繰り返しだけは避ける努力をすべきです。

しかし、人間の集団では必ずある枠からはみ出す人はいるものです。明らかなことなのに、いくら注意しても聞く耳を持たない人がいることは事実で、それが人間社会かもしれません。「自己責任」と言っても、被災者を放っておくわけにはいきません。自然災害に対してはやはり謙虚になり、被災をしないように、日ごろからの注意が必要です。

日ごろからの注意と言っても漠然としています。具体的には、先ほど記したように、たまには過去の台風、豪雪、地震、火山噴火などの災害に関する情報を仕入れること、当時の本や新聞などを読むのが最も効果的だと思います。特に自分の居住している地域の図書館には、関係する災害の報告書があるはずです。時代とともに、当時の風景は大きく変化はしていても、過去にどんなことが起こっていたかは分かるでしょう。そして、現在ならどうなるか、どうしたらそのような被害を食い止められるかを考えるのです。多少の想像力は必要かもしれません。

しかし、自然は単純です。それを複雑にしているのは人間です。謙虚に自然に向き合えば、おのずと見えてくるものがあります。そして最終的にはどんな災害に直面してもあれこれ考えず「ただ生き延びようとする意志と執念」が必要なのではないでしょうか。

しかし子供の時からの教育が、結局は成人してからの防災力に直結します。自然災害で命を落とすことの無いようにするには、小学校時代からの防災教育が重要なことを、改めて指摘しておきます。

7・5　弱者への配慮

一九九五年の阪神・淡路大震災の時から、地震発生時には自助、共助、公助という単語が流行しました。被災しても助けてくれる人はいない、自分や家族だけで何とかしなさい、しなければならないと自助が当たり前との認識が広がりました。自助が無理なら共助、家族や隣近所で助け合い生き延びるのが次の手段として奨励され、公助は実際にはなかなかいき届かないことも知らされたのです。

阪神・淡路大震災では家屋の倒壊と火災が重なり、消防士は大奮闘でしたが、断水で水の出ないホースを持つ消防士の姿が記憶に残っています。限られたスタッフで、大勢の被災者を救助するのは実際不可能です。公助で救助されたのは被災者の一〇パーセント程度と言われました。実際、救助に携わるスタッフも、同じ被災者でもあるのです。

天気予報で襲来が予測される気象災害や、なんとなく危ないと感じられる火山噴火とは異なり、大地震は突然発生します。そして被災者の数は多くなる可能性があり、公助にはほとんど期待できないのです。

災害発生の場合に設置される避難所は自治体にとってはいつの時代でも、どのような場合にもいろいろな課題を含んでいるようです。その中で、いつも忘れられているのではないかと思われるのが、避難所での社会的な弱者の問題です。3・13で紹介した阪神・淡路大震災の際、避難所となった神戸市役所に避難していた高齢な女性の姿は四半世紀が過ぎても私の脳裏から離れません。

中央防災会議の作業部会は、7・2でふれたように、津波から逃れても低体温症のリスクがあるからと、「発熱剤入りの非常食」の準備を求めています。私にとっては笑い出してしまうような提案ですが、まじめにこのような提案をするのなら、それ以前に弱者の避難に対する助言、問題提起をして欲しかったです。

弱者に対する配慮は多岐にわたるので、対応する自治体だけでは不十分でしょうし、混乱しているときに細部まではいき届かないのは仕方がないという考えが支配している可能性もあります。しかし、看護や介護が必要な人でも、病院や施設に入れず自宅にいる人もいるでしょう。社会的な弱者に自助を求めても不可能なケースがほとんどでしょう。どんな状況の人にも、すべて同じような避難生活ができるようにしておくのが、本当の福祉国家と呼べるのです。

行政だけで手が回らなければ、つまり公助が不可能ならば、それを補えるのは民間のグループによる共助ではないかと思います。各市町村には看護、介護、福祉などに携われるいろいろなグループや組織ができていますから、少しでも弱者への配慮を考える人たちは、できる範囲の協力をして欲しいです。災害発生地に馳せ参じるボランティアの人たちを見ると、日本もまだ大丈夫だという気持ちになることも事実です。日頃から関心のある人がそれらのグループに参加し、互いが連携して、防災対策や避難所の組織、運営に携われるようにすれば、弱者の救済に役立つでしょう。よい社会であり、思いやりのある社会と呼べるでしょう。

すでに述べたように周囲を見回すと、他人にはかかわりたくない、自分の家庭を大切に生きたいという人が多いのは事実です。しかし、ボランティア活動に熱心な人がいるのも事実です。すでにできているグループや組織に対し、例えば福祉の問題で、自分はこの程度なら協力できるという人が、少しずつでも増えてくるのが理想だと思います。いつ発生するか分からない自然災害ですが、社会全体が自分にできることがあれば、少しでも役立ちたいという人が多くなることが望ましいのです。

日本列島では自然災害は毎年のように発生しており、そのたびに避難所も開設されます。避難所生活は不便で耐えられないからと、避難をためらう人がいなくなるような、逆に、避難所に行ったほうが安心、安全というように人々が思えるような避難所を開設できるようにするのが理想です。行政の力にも限界があるでしょう。

民間が協力し、まさに「共助」で社会的に弱者の人たちも安心して避難生活ができる、あるいは自然災害に対処できる社会の構築が望まれます。

あとがき

最後にどうしてもふれておきたい災害は人災です。地球表面で活動する人間社会の中での災害は、すべて人災と呼べるでしょう。そして最大の人災は戦争です。人間の歴史がはじまって以来、地球上に戦争の絶えることはありません。二〇世紀にも第一次世界大戦に続き、第二次世界大戦があり、原子爆弾の使用により終戦を迎えました。たった一発の原子爆弾により何万人もの命が瞬時に奪われ、多くの被災者が放射能の後遺症に苦しむ現実が世界中に知れ渡り、人類は二度と戦争はしないだろうとの世論が形成された時代もありましたが、現実はそうはなりませんでした。

戦争をいかにしないようにするかは社会科学の問題だ、文明が進歩すれば争いもなくなるだろうとの楽観論もありました。しかし、二〇世紀後半の五〇年間でも、地球上のあちこちで、争いが繰り返されています。

宗教観の違い、イディオロギーの違いなど、戦争の原因はいろいろありますが、現在でも自国領土の拡張のために戦争をしようとする国が存在することに、驚かされます。第二次世界大戦後に公布された日本国憲法は戦争の放棄を明言しています。第二次世界大戦で辛酸をなめた日本人は、こぞってこの憲法を喜びました。特に、夫や息子を兵役にとられ、二度と会うことがかなわなかった女性たちの、「どんな理由があろうと戦争は絶対にしてはならない」という悲痛な叫びは説得力がありました。

一九四六年、一九四七年ごろの大都市には、両親を失い、家を失った子供たちが、野外で生活していました。当時の上野駅の地下道は、その子供たちの寝場所でした。子供たちは浮浪児と呼ばれ、国家の援助も得られず、自力で成長した人たちも少なくありませんでした。私を含め、そのような世代、つまり昭和一桁から一〇年代に生まれた人たちにとってもまた、戦争は絶対に許されない、してはならないことです。

しかし、戦争のむごさ、悲惨さ、非条理さを知らない世代が社会の中心になるに従い、日本の不戦の誓いも信用できなくなってきました。驚いたことに二〇二二年度の防衛予算額はアメリカ、中国に次いで世界三位との報道がありました。自衛隊と称する軍隊があっても専守防衛に徹し、憲法に従うと政府はことあるごとに主張しますが、なぜ多額の防衛予算が必要なのでしょうか。なぜ海上自衛隊に航空母艦が必要なのでしょうか。子供心に知った航空母艦の任務は、敵基地攻撃で、その典型例は真珠湾攻撃だったはずです。

近年の日本の国会は憲法を軽視することが平然と行われ、それについて与野党ともあまり異議を唱えないようです。国会で一〇〇回以上もの虚偽の答弁をしても、不問に付される不思議な国になっているのが、二一世紀初頭の日本の現状です。人災を最小限にするためには、「不戦の誓い」だけは厳守して欲しいです。

二〇二二年二月二四日、地球上を震撼させるニュースが駆け巡りました。ロシアのウクライナへの侵攻です。プーチンというたった一人の独裁者の野望のために、子供を含む多くの民間人が死亡し、故郷を追われ、国外にまで脱出しています。何千人もの人がロシアに拉致されシベリア送りとなったとの報道もあります。

第二次世界大戦を知っている世代の日本人は、ウクライナの惨状をかつての日本に重ねた人も少なくなかったでしょう。昨日まで平和だった街並みが、一瞬のうちに瓦礫と化し、元気で遊びまわっていた子供が命を落とす現状は見るに堪えられません。思い出されるのは一九四五年三月一〇日未明、短時間で一〇万人が死亡した東京大空襲、たった一発で二〇万人が命を落とした八月六日の広島への原爆投下、さらに八月九日の長崎への投下が改めて思い出され、二度と戦争をしてはならないという平和への誓いが、独裁者には通じない現実に切歯扼腕せざるを得ません。いかなる戦争であっても、戦争は史上最大の人災です。

自然の摂理に逆らったために起こる災害も、人災です。二〇一一年の東日本大震災による福島原発の放射能漏れはその典型でしょう。放射能が人間の手を離れれば、制御は効かなくなります。神様の思し召し次第です。被災から一〇年以上が経過しても、地元に戻れない福島県民がその典型です。管理者はその点を十分に注意すべきでしたが、安易に考えて対応がずさんだったために、その後、悲劇が続いているのです。

二〇二一年七月二日に静岡県熱海市で発生した土石流は、一見大雨による自然災害のように見えますが、明らかな人災です。地球表面の物質はすべて重力により上から下へと移動します。谷の上部に何処からか土砂を運んできて棄てるというのは、明らかに自然の摂理に反した行為です。静岡県や熱海市は「法律に沿って云々」と説明していましたが、とにかく自然のバランスを崩すことをやった結果、大雨が引き金となって土石流が起こり、死者二六人、行方不明者一人の犠牲者が出ました。人災以外の何物でもありません。

世の中からこのような自然の摂理に反したことは、極力排除しなければなりません。それが、人々が安心して暮らせる社会なのです。

二〇世紀の日本では、交通事故による死者が一万人を超える時代が続きました。二一世紀に入りその数は数千人前後に減り、その後も減少傾向が続いています。交通事故の多さに世の中の批判が集まり、法律順守の精神がドライバーの間に浸透はしているのでしょう。しかし、どんなに厳しい法律を制定したところで、人々に順法精神が欠如していれば、交通事故をなくすことはできません。あおり運転がその典型です。

法律を守れない自己中心的な人、他人への配慮が欠ける人などを、完全に無くすことはできないでしょうが、その為にはどうすればよいか、社会全体で考えなければならない問題です。

同じように社会全体で考え防がなければならない人災に放火があります。江戸時代でも放火は大罪でした。二〇二一年一二月にも大阪の病院で起こりましたが、自分が自殺したいために、多くの人がいる場所に放火する事故が時たま発生しています。事故というよりは事件ですが、客観的には全く許されない事件なのに、放火という手段で大量殺人をし、自分も死ぬという発想をする人を、世の中からなくす方法もまた、社会構造の問題として考えなければいけないでしょう。日常の人々の活動や感情の変化などを多角的に考える社会科学の進歩が必要ではないかと考えますが、結局は教育により、日本人の教養をもう一段上げる努力が必要だと考えます。

＊

自然災害の中でも、「何の前ぶれもなく突然発生する大地震に遭遇した場合、人間はどう対処すべきか」は私自身にとって半世紀以上も考え続けてきた命題です。その間には阪神・淡路大震災、東日本大震災があり、また伊勢湾台風、狩野川台風なども襲来しています。そして近年は「二〇〇〇年に一度の大地震」「二〇〇〇年に一度の大噴火」の発生が懸念されるようになっています。最近になり、この命題はいくら考えても名答はなく、結局は「生き延びる」ことだとの結論に達しました。その背景には東日本大震災の際にテレビ報道で見たひとりの漁師の次の言葉がありました。「家も船も漁具も沖合に設置した漁業施設も全部流されました。でも自然の災害だから仕方ありません、幸い命は助かりました。またやり直します」。この言葉は珠玉の言葉に聞こえました。

四季があり美しい風土の日本ですが、そこには火山が噴出し、地震が起こり、台風が襲来するという自然の猛威に直面する風土です。そこで生きている日本人は生まれた時から、知らず知らずのうちに自然に生かされていることを実感してきているのでしょう。

どんな猛威にさらされても、命さえあれば再び楽しい日常が送れるという、私が理解する「色即是空空即是色」の境地ではないかと考えるようになり、結論として「生き延びる」を得ました。

そこで、本書をまとめました。

多くの人の災害対策は線香花火的に、それぞれの災害発生の直後にはいろいろ考えても、数年もすればすべて忘れています。その繰り返しです。人間の一生では、なかなか襲来しない自然災害ですが、地球のタイムスケールで考えれば、かなりの割合で発生しています。

一生に数回しか直面しそうもない大きな自然災害に、どのように備えるかそれを考えてみました。「日々是好日」に過ごしながら会得できる方法でしょう。参考になれば幸甚です。

写真を提供頂いた地震研究所時代の同僚唐鎌郁夫、小山悦郎、三浦禮子の諸氏に御礼申し上げます。

青土社の菱沼達也氏は今回も原稿を精読され、私の気付かなかった多くの事項を引き出していただいた。本書を『あしたの防災学』として「あしたシリーズ」としての出版を決めてくださった清水一人社長ともども心から御礼申し上げます。

二〇二二年七月

神沼克伊

著者　神沼克伊（かみぬま・かつただ）

1937年神奈川県生まれ。固体地球物理学が専門。国立極地研究所ならびに総合研究大学院大学名誉教授。東京大学大学院理学研究科修了（理学博士）後に東京大学地震研究所に入所し、地震や火山噴火予知の研究に携わる。1966年の第8次南極観測隊に参加。1974年より国立極地研究所に移り、南極研究に携わる。2度の越冬を含め南極へは15回赴く。南極には「カミヌマ」の名前がついた地名が2箇所ある。著書に『南極情報101』（岩波ジュニア新書、1983）、『南極の現場から』（新潮選書、1985）、『地球のなかをのぞく』（講談社現代新書、1988）、『極域科学への招待』（新潮選書、1996）、『地震学者の個人的な地震対策』（三五館、1999）、『地震の教室』（古今書院、2003）、『地球環境を映す鏡　南極の科学』（講談社ブルーバックス、2009）、『みんなが知りたい南極・北極の疑問50』（サイエンス・アイ新書、2010）、『次の超巨大地震はどこか？』（サイエンス・アイ新書、2011）、『次の首都圏巨大地震を読み解く　M9シンドロームのクスリとは？』（三五館、2013）、『白い大陸への挑戦　日本南極観測隊の60年』（現代書館、2015）、『南極の火山エレバスに魅せられて』（現代書館、2019）、『あしたの地震学』（青土社、2020）、『あしたの南極学』（青土社、2020）、『あしたの火山学』（青土社、2021）、『地球科学者と巡るジオパーク日本列島』（丸善、2021）など多数。

あしたの防災学

地球科学者と考える災害と防災

2022年8月30日　第1刷印刷
2022年9月15日　第1刷発行

著者――神沼克伊

発行人――清水一人
発行所――青土社

〒101-0051　東京都千代田区神田神保町1-29　市瀬ビル
［電話］03-3291-9831（編集）　03-3294-7829（営業）
［振替］00190-7-192955

印刷・製本――シナノ印刷
装幀――水戸部功

Printed in Japan
ISBN978-4-7917-7494-4　C0040